近代中日關係史料彙編
日本投降與中蘇交涉

Historical Documents on Modern Sino-Japanese Relations

The Surrender of Imperial Japan and Sino-Soviet Negotiations

近代中日關係史料彙編
總序

呂芳上
民國歷史文化學社社長

一

日本是中國的近鄰，也是強鄰，中日之間一衣帶水，本應唇齒相依，共營孫中山的大亞洲主義，互助互榮；也大可以在一念之間，分出蔣介石所規勸的敵乎友乎，和睦共處，以臻東亞大同境界。但日本國力強大之後，不此之圖，選擇走向侵略、走向戰爭，對鄰邦由蠶食而鯨吞，結果釀成的是你傷我殘的悲劇。

中日關係的發展，遠的不提，辛亥革命時，日本原有干涉意圖不果，改採兩面外交，著重者在滿洲特殊權益。1914 年一戰爆發，次年日方即向袁政府提出二十一條要求，嚴重妨礙中日正常外交的推進。二十一條交涉甫告段落，日本又為洪憲帝制，蛇鼠兩端，迫得袁世凱含恨以終。其後復對北洋政府在參戰、借款問題及和會、山東問題上，施其詭譎伎倆，導致五四運動的發生。1921 年的華盛頓會議，九國公約中，日本雖在特殊利益上，沒獲多大斬獲，但日本遍及東北、華北的軍事部署，其有恃無恐、肆意在華

擴張的野心，已相當明顯。

　　1926 年，在南方的國民革命軍，揮師北指，很快的統一中國，這不是對中國抱持野心的日本所樂見的事，於是中日關係走入新的階段。

二

　　1920 年代初期，在南方的國民黨勢力崛起，1926 年國民政府開府廣州，接著北伐，1927 年定都南京，於是中國對內、對外新局面形成。1927 至 1952年間，自北伐後中日談判重訂關稅、出兵山東開始，中經九一八、上海事件、華北事變、蘆溝橋事變，以迄戰爭結束、簽訂和約，具見日本以強國步步進逼，盛氣凌人，中國則以弱勢對應，先是退讓、容忍，終以干戈相見，最後日本以敗戰自食惡果。

　　1961 年，逢中華民國建國五十年，民間各界特別組成「中華民國開國五十年文獻編纂委員會」，負責出版各類叢書，其中之一是1964 年至1966 年以「中華民國外交問題研究會」為名編印之《中日外交史料叢編》一套九種。這套《叢編》基本上以國民政府外交檔案為主，北京政府外交檔案為輔編成。雖不能對兩國從文爭到武鬥的材料，作鉅細靡遺的羅列，但對兩國關係的重大起伏，實已提供學界深入研究的基礎史料。本社鑒於這套《叢編》對近代中日關係具有很高的史料價值，除聘請學者專家新編「華北事變」資料專輯附入外，特別以《中日外交史料叢編》九種為基礎，重新增刪並編輯匯成《近代中日關係史料彙編》

1935）、萬寶山事件與中村事件（1931-1932）均與
日本有關。三、《國民政府北伐後中日直接衝突》北
伐進行過程中，發生若干涉外事件，本冊所輯南京事
件（1927-1934）、漢口事件（1927-1931）、日本第
一、二次出兵山東（1927-1929）、。四、《九一八事
變的發生與中國的反應》侵略滿蒙，進而兼併中國，
是日本大陸政策的目標，甲午戰爭、日俄戰爭均是向
外擴張的北進政策，1931年的瀋陽事變是日本北進
的高峰，更是二次大戰前奏。當時政府為應付嚴重變
局，特在中央政治會議內成立「特種外交委員會」，
自1931年9月至12月，共召開五十九次會議，本冊收
錄了這一重要會議的會議紀錄。五、《九一八事變後
日本對華的破壞與侵逼》九一八事變之後，日本侵華
腳步未曾停止，所謂「得寸進尺」差可形容，本冊所
輯資料，重在日軍繼續挑釁（1932-1933）、日軍暴行
與中國損失（1931-1933）、日本在東北破壞中國行政
權完整（1932）。六、《日軍侵犯上海與進攻華北》
1932年，日本藉口上海排斥日貨，嗾使日本浪人及
海軍陸戰隊滋事，毆人縱火、殺死華警。上海市府提
出抗議，日領反稱日本和尚五人被毆，提出反抗議，
要求中方道歉、賠償、懲兇、制止反日行動。1月28
日，日方迫令中國軍隊退出閘北，隨即向中方開火，
是為淞滬戰役。歷時月餘，5月初始成立停戰協定。
事實上，九一八事變後，日軍節節進迫，進攻熱河，
侵擾察冀，無底於止；中方則忍辱負重，地方飽受戰
火蹂躪，中央遭受輿論撻伐，中日關係瀕臨破裂。本

聯對日本侵華的處理》1931 年九一八事變後，因國聯
不能有效制裁日本的侵略行動，日本乃放膽實施侵吞
中國計畫，一方取速戰速決之策，以亡中國；一方為
掩人耳目，實行以華制華之計，製造傀儡組織。1932
年滿洲國之成立到 1938 年扶植汪偽，均此之圖。本
集主要內容有偽滿洲國的成立經過（1932-1935）；
中國控訴、國聯之處理（1931-1933）。十、《偽組
織的建立與各國態度》本冊文件集中在華北自治問題
（1935-1937）及南京偽政權（1938-1943）之醞釀與
成立。十一、《抗戰時期封鎖與禁運事件》戰爭發生
後，可注意的事有三，一是受戰爭影響的敵境及海外
華人權益維護問題、敵僑處理及外僑保護，二是敵人
對鄰近地區的禁運、控制，三是盟國以自身利益出發
的措施如何影響中國。大抵言之，國民政府與同盟國
結盟，提升了國際地位，也保障戰後國際角色的演
出。不過，同盟關係也有摩擦和困擾，例如美國中立
法案（1939-1941）、英國封鎖緬甸運輸通路（1940）
對中國造成的損害。本集資料內容即包括：一、戰時
中國政府的護僑、護產措施；二、日本對東南亞的控
制，如越南禁運、封鎖緬甸、控制泰國；三、美國中
立法案、禁運法案及與日使野村談判；四、1940 到
1945 年間日蘇關係的轉變等。十二、《日本投降與中
蘇交涉》1945 年 8 月 14 日，日本投降，上距七七有
八年，距九一八為時十四年，距甲午之戰五十一年，
「舉凡五十年間日本所鯨吞蠶食於我國家者，至是悉
備圖籍獻還。全勝之局，秦漢以來所未也」。中國戰

勝意義自是重大，但蔣中正委員長在當天廣播中，則
不無憂慮的指出：「抗戰是勝利了，但是還不能算是
最後的勝利。」顯然國共關係惡化、戰犯處置之外，
東北接收與中蘇交涉等棘手問題，均將一一出現。本
集資料重在日本投降經過，接收東北、接收旅大與中
蘇交涉，張莘夫被害案（1945-1947）。十三、《戰爭
賠償與戰犯處理》包含1943年同盟國準備成立戰爭罪
行調查會至1948年中國戰犯處理委會工作報告相關文
件。十四、《金山和約與中日和約的關係》交戰雙方
和約簽訂，戰爭才算結束。中華民國對日和約，遲至
1952年日降後六年又八個月才在臺北簽字，原因涉及
戰後中國變局。1945年日本敗降，1949年12月，中
國共產黨勢力席捲大陸，中華民國政府退守臺灣，這
時蘇聯在東亞勢力擴張，國際局勢鉅變，戰勝的中、
美、英、蘇、法五強，對東亞新秩序的建立，有複雜
考量，同盟52國在舊金山召開對日和會，直到1951
年9月8日，才有蘇、波、捷之外的49國參與簽訂的
金山和約。當時中華民國未獲邀參加，次年（1952）
4月28月在臺北正式簽訂中華民國對日和約，結束了
中華民國與日本的戰爭狀態。由於戰後美國在東亞扮
演舉足輕重的角色，因此也可看到中、美、日三方外
交穿梭的足跡。本集資料主要有一、中國對金山和約
立場表示（1950-1952）與金山和約的簽訂；二、中日
雙邊和約前的籌議，包括美方意向、實施範圍、中日
雙邊交涉及名稱問題的討論。十五、《中華民國對日
和約》二戰結束後，冷戰接踵而來，1949年後中國形

成一國兩府的分裂局面，蘇、英、美對誰能代表中國
與日本簽訂和約有分歧看法，1950 年韓戰爆發，英、
美獲得妥協，同盟國對日舊金山和會不邀中國參加，
在美方折衝下，日本決定與中華民國政府商訂雙邊條
約。1952 年 2 月，日代表河田烈與中華民國外交部長
葉公超在臺北磋商，最後雙方簽訂「中華民國與日本
國間和平條約」，雙方互換大使，直到 1972 年 9 月，
遷移臺灣的中華民國政府與日本維持了約二十年的正
式外交關係。這本資料集彙聚雙邊和會的一次籌備
會、十八次非正式會議及三次正式會議紀錄，完整呈
現整個會議自籌備至締約的過程，史料價值極高。

四

　　如果說抗日戰爭是八年，那麼九一八後的六年是
中國忍氣吞聲、一再退讓的隱忍時期，七七事變應是
中國人吃盡苦頭、退無可退的情況下，為求生存而奮
起的開端，此後的九十七個月，在烽火下的中國百
姓，過的何止漫漫長夜。八年中前五十三個月，中國
孤軍奮鬥，後四年才有盟軍並肩作戰，其間大小戰鬥
無數，國軍確實是勝少敗多，即使勝利前多，說國命
堪危也不為過。這次戰爭，日本固然掉入難以自拔的
泥潭，中華民國政府也在獲得遍體鱗傷的「皮洛式勝
利」（Pyrrhic Victory）後，隨即江山易色，勝利者反
變成另一場戰爭的失敗者，其後政局的演變，似乎不
容易給史家，從容寫出恰如其份的抗戰史來。

　　1970 到 1990 年代，中研院近史所曾利用庫藏外

交部檔案,出版過民國時期「中日關係史料」十五種
二十一冊,選題時間範圍只限於北京政府時期(1912-
1928)。本社出版這套《彙編》,正好延續了其後國
民政府的時段。這個時段提供了局面更為複雜的交
涉、戰鼓不斷、煙硝不熄的中日關係發展史料。

有了新史料,就會有新議題,就可期待史家新研
究成果的出現。我們出版史料的初衷是如此。

編輯凡例

一、本書原件為俗體字、異體字者,改為正體字;無法
　　識別者,則以□符號表示;挪抬及平抬一律從略。

二、本書排版格式採用橫排,惟原文中提及如左如右
　　等文字皆不予更改。

三、本書依照原件,原文中提及「偽」、「逆」等文
　　字皆不予更改。

四、本書中出現「註」、「附註」,皆為原件所示。

五、以上若有未盡之處,敬祈方家指正。

目錄

第一章
日本投降與中國受降

第一章　日本投降與中國受降

第一節　開羅會議宣言與波茨坦宣言

一　開羅會議宣言

民國三十二年十二月三日

　　美國羅斯福總統、中華民國蔣委員長、英國邱吉爾首相偕各該國軍事與外交顧問人員，在北非舉行會議，業已完畢，茲發表概括之聲明如下：三國軍事方面人員，關於今後對日作戰計劃，已獲得一致意見，我三大盟國決心以不鬆弛之壓力，從海、陸、空各方面加諸殘暴之敵人，此項壓力已經在增長中。

　　我三大盟國此次進行戰爭之目的，在於制止及懲罰日本之侵略。三國決不為自己圖利，亦無拓展領土之意思，三國之宗旨在剝奪日本自從一九一四年第一次世界大戰開始後，在太平洋所奪得或佔領之一切島嶼，在使日本竊取於中國之領土，例如東北四省、臺灣、澎湖群島等，歸還中華民國。其他日本以武力或貪慾所攫取之土地，亦務將日本驅逐出境。我三大盟國稔知朝鮮人民所受之奴隸待遇，決定在相當期間使朝鮮自由獨立。

　　根據以上所認定之各項目標，並與其他對日作戰之聯合國目標相一致，我三大盟國將堅忍進行其重大而長期之戰爭，以獲得日本之無條件投降。

二 波茨坦宣言

民國三十四年七月二十六日

余等美國總統、中國國民政府主席及英國首相，代表余等億萬國民，業經會商並同意對日本應予以一機會，以結束此次戰爭。

美國、英帝國及中國之龐大陸海空部隊，業已增強多倍，其由西方調來之軍隊及空軍，即將予日本以最後之打擊，此項武力，受所有聯合國之決心之支持及鼓勵，對日作戰，不至其停止抵抗不止。

德國無效果及無意識抵抗全世界所有之自由人之力量，所得之結果，彰彰在前，可為日本人民之殷鑒。此種力量當其對付抵抗之納粹時，不得不將德國人民全體之土地工業及其生活方式摧殘殆盡，但現在集中對付日本之力量，則較之更為龐大，不可衡量，吾等之軍力，加以吾人之堅決意志為後盾，若予以全部實施，必將使日本軍隊完全毀滅，無可逃避，而日本之本土，亦必終將全部摧毀。

現時業已到來，日本必須決定是否仍將繼續受其一意孤行計算錯誤，使日本帝國已陷於完全毀滅之境之軍人來統制，抑或走向理智之路。

以下為吾人之條件，吾人決不更改，亦無其他另一方式，猶豫遲延，更為吾人所不容許。

欺騙及錯誤領導日本人民，使其妄欲征服世界者之威權及勢力，必須永久剷除，蓋吾人堅持，非將負責之窮兵黷武主義驅出世界，則和平安全及正義新秩序，勢不可能。

　　新秩序成立時，及直至日本製造戰爭之力量業已毀滅，有確實可信之證據時，日本領土經盟國之指定，必須佔領，俾吾人在此陳述之基本目的得以完成。

　　開羅宣言之條件，必將實施，而日本之主權，必將限於本州、北海道、九州、四國及吾人所決定其他小島之內。

　　日本軍隊在完全解除武裝以後，將被允許返其家鄉，得有和平及生產生活之機會。

　　吾人無意奴役日本民族或消滅其國家，但對於戰罪人犯，包括虐待吾人俘虜者在內，將處以法律之裁判，日本政府必須將阻止日本人民民主趨勢之復興及增強之所有障礙，予以消除。言論、宗教及思想自由，以及對於基本人權之重視，必須成立。

　　日本將被許維持其經濟所必需及可以償付貨物賠款之工業，但可以使其重新武裝作戰之工業不在其內，為此目的，可准其獲得原料，以別於統制原料，日本最後參加國際貿易關係，當可准許。

　　上述目的之達到，及依據日本人民自由表示之意志，成立一傾向和平及負責之政府後，同盟國佔領軍隊當即撤退。

　　吾人警告日本政府，立即宣佈所有日本武裝部隊無條件投降，並對此種行動有意實行，予以適當之各項保證，除此一途，日本即將迅速完全毀滅。

第二節　日本投降

一　日本接受波茨坦宣言

斯德哥爾摩謝維麟電

民國三十四年八月十日

第四二八號。十日。重慶外交部：頃蘇聯公使來訪，謂今午瑞外交部長約見，謂日使面交節略，關於接受波茨坦對日宣言，請即轉知英、蘇兩國政府。日使又謂：中、美兩國政府，由日駐瑞士公使托瑞士政府轉達等語。蘇聯公使並稱，該節略此間由英使轉知美使，由渠轉知我方，原文如下：

In accordance with the desire of His Majesty Emperor of Japan to bring to peace as soon as possible in order to prevent humanity from further disaster of war, the Japanese Government had asked Soviet Government who was maintaining neutral relations with Japan with regard to the war of greater Eastern border to use their good offices. Unfortunately, However, the above effort of Japanese Government to bring peace didn't bear fruit. Hereupon, Japanese Government, based upon above mentioned desire for peace of His Majesty Emperor, earnestly wishing to remove immediate further disaster of war and to bring to peace have made following decision. Japanese Government accept Potsdam Proclamation to Japan with clear understanding that the term of joint proclamation to apologize Japan which was dicided upon and published jointly by leaders of United States of America, Great Britain and China on 26th July, 1945, at Potsdam, add to which Soviet Government participated, do not contain any way the requirement for the change of the sovereignty of His Majesty Emperor, Japanese Government earnestly hope that the above understanding of Japanese Government is correct and that the intention to your Government on this point will be made clear at earliest moment. Japanese Government have the honor to request Swedish Government to convey the above to the British Government and to Soviet Government respectively without delay.

Hsieh Wei-Lin.

日本政府曾遵照天皇陛下儘速獲致和平，俾人類免於遭受更深戰爭禍害之意旨，洽請彼時正與日本政府維持中立關係之蘇俄政府出面解決東方戰爭。不幸，日本政府上項尋求和平之努力，未獲結果。今日本政府為根據天皇陛下之上述意旨，並熱切希望立即排除更大之戰爭禍害，導致和平，已作成下列決定：日本政府，基於明白之諒解，接受波茨坦宣言，此項諒解為：由美國、英國及中國領袖在一九四五年七月廿六日共同決定並發佈於波茨坦，後經蘇俄政府參加之聯合宣言所有條款，並不包含變更日本天皇主權之意圖，日本政府熱切希望上項諒解係屬正確，並希望將此點意念儘早向貴國政府澄清。日本政府要求瑞典政府將上述內容即刻慎重轉達英國及蘇俄政府。

梁龍伯爾尼電

民國三十四年八月十一日

第九〇四號。十日。重慶外交部部、次長鈞鑒：頃准瑞士政務部長約見，面告今日下午駐本國日本公使來見，面交英文節略一件。略稱，日本政府決定準備接受中、英、美三國政府領袖七月二十六日共同宣言。茲特請瑞士政府將該節略轉達中國及美國政府等語。當時日本公使並聲明，該節略僅以本公使所提英文本為準，至英國及蘇聯已由日本政府請瑞典政府轉達等情。查日本公使所提節略，務請貴公使迅予轉呈貴國政府，使世界浩劫得早日結束等由。除將該節略原文全文另電呈報外，謹電呈鑒核。職梁龍叩。

二　日皇裕仁敕書（宣告投降）

我忠良之臣民乎！吾人於深切考慮世界一般情勢以及今日之我帝國之實際情況之下，已決定以非常措施解決當前情勢，吾人已命令我政府向中、美、英、蘇四國政府致送照會，謂我帝國接受彼等聯合宣言之條款，為一切國家之共同繁榮與快樂以及我國臣民之安全與福利而奮鬥，乃我帝國列祖列宗所流傳之神聖義務，亦為吾人所衷心關切者。吾人對美英宣戰，確係誠心希望保證日本之自衛以及東亞之安定，吾人並未思及妨害其他國家之主權或擴展領土。然目前戰爭已將及四載，雖則吾人已盡最大努力陸海軍之英勇作戰，我國家公僕之辛勤黽勉以及我一億民眾之盡心竭力，戰局之發展，卻未必

於日本有利，世界之一般情勢更均與日本之利益相違，況「敵」人已開始使用一種最殘酷之新炸彈，其造成損害之威力，的確難以估計，使我無辜生靈橫遭浩劫。如吾人繼續作戰，則其結果不僅為日本全國之最後崩潰與消滅，人類文明亦將完全滅絕，在此種情況之下，吾人將何以挽救億萬臣民，在我帝國列祖列宗之靈前更何以自贖，此即吾人所以下令接受四國聯合宣言條款之理由也。吾人在東亞之各盟國，曾不斷與帝國合作解救東亞，吾人對於彼等惟有表示最深切之遺憾，吾人每一念及在疆場殉身之將士及其他人員在崗位上殉職，以及死於非命者，以及彼等之孤兒寡婦，誠不禁五內如焚，傷者及飽受戰爭塗毒者，以及喪失其家庭與生計之福利者，乃吾人深切懸念之問題，此後我國行將遭遇之國難與痛苦，必極重大，吾人深知汝等臣民之內心情緒，然由於時間與命運之逼迫，吾人已決定忍受所有不能忍受者，為後代子孫之全盤和平開闢途徑，吾人既然保全帝國之機構，即可與我忠良之臣民永遠共處，倚賴汝等之真誠，汝等應抑制任何感情之勃發，蓋此舉可能產生不必要之糾紛，亦應防止任何鬩牆之爭，以免造成混亂，令汝等誤入歧途，失去舉世之信心。願我全國世世代代繼續為一家，堅定其對於神聖土地不可毀滅之信心，牢記其責任重負，以及未來之漫長途程，團結汝等之全部力量，致力於未來之建設，開闢真正之途徑，養成高貴之精神，以決心從事工作，俾能增進帝國固有之光榮，並與世界之進步並駕其驅。（錄

自民國三十四年八月十七日第五版重慶中央日報）

三　外交部宣佈日本政府正式無條件投降公告

　　外交部公佈：日本政府已正式無條件投降，投降電文係經由瑞士政府轉達。原文如下：「關於日本政府八月十日照會接受波茨坦宣言各項規定及美國貝爾納斯國務卿八月十二日以中、美、英、蘇四國政府名義答覆事，日本政府謹通知四國政府如下：（一）關於日本接受波茨坦宣言之各項規定事，天皇陛下業已頒布敕令。（二）天皇陛下準備授權並保證日本政府及日本大本營，簽訂實行波茨坦宣各項規定之必需條件。天皇陛下並準備對日本所有海陸空軍當局及在各地受其管轄之所有部隊，停止積極行動，交出軍械，並頒發盟軍統帥所需執行上述條件之各項命令。」（錄自民國三十四年八月十六日第二版重慶中央日報）

四　蔣委員長令日駐華軍派遣軍總司令岡村寧次指示六項投降原則電及覆電

蔣委員長電令

民國三十四年八月十五日

　　急。南京日軍駐華最高指揮官岡村寧次將軍鑒：

一、日本政府已正式宣佈無條件投降。

二、該指揮官應即通令所屬日軍停止一切軍事行動，並派代表至玉山接受中國陸軍總司令何應欽之命。

三、軍事行動停止後，日軍可暫保有其武裝及裝備，保持現有態勢，並維持所在地之秩序及交通，聽候中國陸

軍總司令何應欽之命令。

四、所有飛機及船艦應停留現在地，但長江內之船艦應集中宜昌、沙市。

五、不得破壞任何設備及物資。

六、以上各項命令之執行，該指揮及所屬官員，均應負個人之責任，並迅速答覆為要。

中國戰區最高統帥　蔣中正　八月十五日

岡村寧次覆電

中國戰區最高統帥蔣中正閣下：中華民國三十四年八月十五日賜電敬悉。今派今井總參謀副長、橋島參謀二人，率同隨員三人，準於本月十八日乘機飛至杭州等候尊命，再起飛玉山，敝處使用雙引擎發動機一架，並無特殊標識，並請令照玉山飛機場派員接見，仰賴照料為感。駐華日軍最高指揮官岡村寧次印。

五　南京受降經過

中國戰區中國陸軍總司令部備忘錄

中字第一號

日期：中華民國三十四年八月二十一日

致　　駐華日軍最高指揮官岡村寧次將軍

由　　中國戰區中國陸軍總司令部

事由：

一、本人以中國戰區中國陸軍總司令之地位，奉中國戰區最高統帥特級上將 蔣中正之命令，接受在中華民國（遼寧、吉林、黑龍江三省除外）、臺灣及越

　　南北緯十六度以北之地區內日本高級指揮官，及全
　　部陸海空軍與其輔助部隊之投降。

二、日本駐華最高指揮官岡村寧次將軍，應自接受本備
　　忘錄之時起，立即執行本總司令之一切規定，在臺
　　灣及越南北緯十六度以北地區內之日軍，亦同此
　　規定，並應由岡村寧次將軍負責指揮該項日軍之
　　投降。

三、岡村寧次將軍於接受此備忘錄後，關於下列事項，
　　應立即對日本陸海空軍下達必要之命令。

　　1. 對本總司令所轄地區（即第二條所述地區以下
　　　同）所有之日本陸海空軍及輔助部隊，立即停
　　　止一切敵對行為。

　　2. 對本總司令所轄地區之日本陸海空軍及輔助部
　　　隊，立即各就現在駐地及指定地點靜待命令。
　　　凡非蔣委員長或本總司令所指定之部隊指揮
　　　官，日本陸海空軍不得向其投降繳械，及接洽
　　　交出地區與交出任何物資。

　　3. 對本總司令所轄地區內所有日本陸海空軍及輔
　　　助部隊之武器、彈藥、航空器、船艦、商船、
　　　車輛及一切交通通信工具。飛行場、海港碼
　　　頭、工廠、倉庫、物資、與一切建築物暨軍事
　　　設施以及文獻檔案，情報資料等，應立即妥為
　　　保管，不得移動，並應絕對保持完好狀態，由
　　　岡村寧次將軍負其全責，聽候本總司令派員
　　　接收。

　　4. 對本總司令所轄地區內所有日本陸海空軍及輔

助部隊，應各就現駐地負責維持地方良好秩序，直至蔣委員長或本總司令所指定之部隊及負責長官到達接收為止。在此期間內，絕對不得將行政機關移交非蔣委員長或本總司令所指定之行政官吏或代表人員。

5. 對本總司令所轄地區內，同盟國被俘人員及被扣官民，應立即恢復自由，並充分供給其衣食住行及醫藥等，並準備遵照本總司令之命令，送到指定地點。

四、為監視日軍執行本總司令之一切命令起見，特派本部副參謀長冷欣中將，先到南京設立本總司令前進指揮所。凡冷欣中將所要求之事項應迅速照辦。

五、岡村寧次將軍親自向本總司令接受有關日本陸海空軍投降實施之正式手續，及蔣委員長之詳細命令之時間及地點，俟盟軍統帥麥克阿瑟將軍，接受日本總投降後，另行通知。

　　中國戰區中國陸軍總司令陸軍一級上將　何應欽
附中國戰區各區受降主官分配表壹件。（附表一）
本備忘錄交岡村寧次將軍之總參謀副長今井將軍轉送岡村寧次將軍。

附表一

中國戰區受降主官分配表　三十四年八月二十一日

中國受降主官姓名	接收地區	備考
第一方面軍司令官　盧漢	越南北緯十六度以北地區	
第二方面軍司令官　張發奎	廣州、香港、雷州半島、海南島	
第七戰區長官　余漢謀	曲江、潮汕	
第四方面軍司令官　王耀武	長沙、衡陽	
第九戰區長官　薛岳	南昌、九江	
第三方面軍司令官　湯恩伯	南京、上海	
第三戰區長官　顧祝同	嘉興、金華、杭州	
第六戰區長官　孫蔚如	武漢、沙市、宜昌地區	
第十戰區長官　李品仙	徐州、安慶、蚌埠、海州	
第十一戰區長官　孫連仲	天津、北平、保定、石家莊	
第十一戰區副長官　李延年	青島、濟南、德州	
第一戰區長官　胡宗南	洛陽	
第五戰區長官　劉峙	鄭州、開封、新鄉、南陽、襄陽、樊城	（樊城）
第二戰區長官　閻錫山	山西省	
第十二戰區長官　傅作義	察、綏、熱河三省	
附記	臺灣方面之受降主官另行指定	

中國戰區中國陸軍總司令部備忘錄

中字第二號

時間：民國三十四年八月二十二日

致　　駐華日軍最高指揮官岡村寧次將軍

由　　中國戰區中國陸軍總司令部

事由：

一、本總司令致貴官中字第一號備忘錄第四項所載，派
　　本部副參謀長冷欣中將，先到南京設立前進指揮所
　　一節，茲以同樣需要，更令各地區受降主官，各派
　　前進指揮所進駐左列各地，執行同樣之職務。
　　第一方面軍司令官派出前進指揮所於河內。

第二方面軍司令官派出前進指揮所於廣州。

第七戰區司令長官派出前進指揮所於汕頭。

第四方面軍司令官派出前進指揮所於長沙。

第九戰區司令長官派出前進指揮所於南昌。

第三方面軍司令官派出前進指揮所於上海。

第六戰區司令長官派出前進指揮於於武漢。

第十戰區司令長官派出前進指揮所於徐州。

第十一戰區司令長官派出前進指揮所於北平。

第十一戰區副司令長官派出前進指揮所於濟南。

第一戰區司令長官派出前進指揮所於洛陽。

第五戰區司令長官派出前進指揮所於開封。

第二戰區司令長官派出前進指揮所於太原。

第十二戰區司令長官派出前進指揮所於歸綏。

第三戰區司令長官派出前進指揮所於杭州。

二、貴官應轉飭上述各地區內之日軍最高指揮官，對各地區前進指揮所主任所要求之事項，迅速照辦。

中國戰區中國陸軍總司令陸軍一級上將　何應欽

本備忘錄交由岡村寧次將軍之代表總參謀副長今井武夫將軍轉送岡村寧次將軍。

中國戰區中國陸軍總司令部備忘錄

中字第三號

日期：中華民國三十四年八月二十二日

致　　駐華日軍最高指揮官岡村寧次將軍

由　　中國戰區中國陸軍總司令

事由：

　　本總司令所轄部隊，決於最近期內，先以一部利用空運於南京、上海、北平等三處機場降落，以便執行其職務。除另行派遣各機場設站人員，先行前往設備外，貴官應本此意圖，於本總司令所派遣部隊未到達之前，應負責確實保護上列三處機場以備使用，如有修理之必要時，並希依各處設站人員之要求，妥為修理為要。

　　中國戰區中國陸軍總司令陸軍一級上將　何應欽

本備忘錄交由岡村寧次將軍之代表總參謀副長今井武夫將軍轉岡村寧次將軍。

中國戰區中國陸軍總司令部備忘錄

中字第四號

日期：中華民國三十四年八月廿二日

致　　駐華日軍最高指揮官岡村寧次將軍

由　　中國戰區中國陸軍總司令部

事由：

一、依據本總司令致貴官中字第一號備忘錄第二條第四項之所定，特再將各地區受降主官姓名、受降地點及日軍代表投降部隊長姓名，應投降之部隊番號，詳細規定如附表。希先行下令準備實施。但表列日軍部隊番號主官姓名及駐地，係依據今井將軍所呈出之駐華日軍態勢概見圖及其口述。如有遺漏或變更，另行修正之。

二、為使日軍投降及械彈器材等繳收進行順利，特規定如左：

　　1. 在本總司令中字第一號備忘錄附表內所指定之各

地點，即日軍分別向我各地區受降主官之投降
地點，所有日軍應照該表及有備忘錄之附表，
分別集中。凡日軍在表列地點以外駐紮者，應
先行將其防地分別交與我各地區受降主官所指
定之部隊，其交接日期，由我各地受降主官分
別決定之。

2. 凡日軍依照本總司令中字第一號備忘錄附表及本
備忘錄附表所指定之地點集中後，應仍保持表
列各該地點之警備狀態維持秩序，聽候我各地
區受降主官所指定之部隊到達後，再依指定之
時間逐次交防，並依指定之地點分別集合，立
即將所有武器器材，自行封存於我各受降主官
所指定之各倉庫內，呈出詳細表冊，再立將所
有徒手官兵率赴我各地區受降主官所指定之集
中營，至各該處封存倉庫，則由我各地區受降
主官立即派兵看守並派員照冊點收。

3. 在岡村寧次將軍尚未正式投降以前，凡中國軍隊
有奉命調往日軍現在駐地區內者，沿途各地日
軍，應一律讓其通過，不得妨礙。但以本總司
令中字第一號備忘錄附表內所指定之各地區受
降主官所命令並通知之部隊為限，其未奉各該
受降主官之命令及通知之部隊，日軍應拒絕其
通過，並防止其強迫佔領城市。否則各該處日
軍指揮官應負其責。

4. 在中國領海及內河之艦艇及船舶，應立即集中
於沙市、宜昌，聽候接收。但吃水過深者可集

中漢口,並應先行造具各艦艇船舶之種類、噸位、裝備、彈藥數目、性能、所用燃料(含存儲數量)及員工人數之詳細清冊,呈送本總司令。

5. 在本總司令所轄地區內所有日本航空部隊,凡可能飛行及可能修理之航空機,應立即修整完備,並作飛往湖北省恩施機場或其他指定機場之準備。至修理費時之航空機及所有基地存儲之彈藥、武器、油類應一律封存,並連同上述一切航空機造具詳細清冊,呈送本總司令,聽候派員點收。又所有機場及飛機修理各種設備,應保存完好狀態,仍造具詳細清冊呈送本總司令,聽候派員接收。至空軍地面部隊及降落傘部隊,則由我各地區受降主官分別按陸軍部隊投降辦法接收之。

6. 凡日軍現駐地區內所有交通通信各路線及其管理幾關,應不待岡村寧次將軍正式投降,儘速開放,重慶南京間及芷江南京間,並應立即直接通報,其芷江南京之電臺通報時間、周率、呼號,已由蕭參謀長面交今井將軍,其重慶南京間之電臺通報時間、周率、呼號如附紙。又所有海河水道原佈水雷及一切障礙物,應立即澈底掃除,以利交通,並希將佈雷及阻礙位置與掃除情形繪圖列表,儘速呈送本總司令。

7. 在日軍現駐地區內,如有匪徒企圖破壞交通通信及擾亂治安者,應特別防範並制止之。

三、希岡村寧次將軍將上述各項規定之辦理情形隨時

電告。

　　中國戰區中國陸軍總司令陸軍一級上將　何應欽

附重慶南京間電臺通報時間、周率、呼號表壹份。
附中國陸軍各地區受降主官姓名、受降地點及日軍代表
投降部隊長姓名與投降部隊集中地點、番號表壹份。
（附表二）
本備忘錄交由岡村寧次將軍之代表總參謀副長今井武夫
將軍轉交岡村寧次將軍。

重慶南京間電臺通報時間周率呼號表

重慶電臺通報時間周率呼號如下：

22-11GMT	11200KC	XQL
11-22GMT	7913KC	XTQ
	7600KC	XTC

南京電臺通報時間及所用周率應如下：

22-11GMT	11500KC
	12500KC
11-22GMT	7500KC
	8500KC

**附表二　中國陸軍各地區受降主官姓名投降地點及日軍
代表投降部隊長官姓名與投降部隊集中地點番號表**

受降主官姓名	受降地點	代表投降部隊長姓名	投降部隊集中地點	投降部隊番號	備考
第一方面軍盧司令官漢	河內	38A 土橋勇逸	越南北部	38A（22D 37D）及不明部隊	投降部隊集中地點由盧司令官指定

受降主官姓名	受降地點	代表投降部隊長姓名	投降部隊集中地點	投降部隊番號	備考
第二方面軍張司令官發奎	廣州	23A 田中久一	廣州	23A 129D 130D 23Bs 8iBs 13iBs	
			香港	香港防衛隊	
			雷州半島	1 大／ 22Bs 1 大／ 23Bs	
			海南島之瓊山	海軍陸戰隊	
第七戰區余長官漢謀	汕頭	104D 師團長	汕頭	104D i2 大半 A1 大／ 130D	
第四方面軍王司令官耀武	長沙	20A 坂西一良	長沙	64D 116D 81Bs 82Bs	
			衡陽	13D 58D 68D 22Bs 86Bs 87Bs 88Bs	
第九戰區薛長官岳	南昌	11A 笠原幸雄	南昌	27D 7Bs	
			九江	34D 40D 84Bs	
第三戰區顧長官祝同	杭州	133D 野地嘉平	杭州	70D 133D 62Bs	
			寧波	89Bs 91Bs	
			廈門	海軍陸戰隊	
第三方面軍湯司令官恩伯	上海	13A 松井太久郎	上海	13A 60D 61D 69D	

受降主官姓名	受降地點	代表投降部隊長姓名	投降部隊集中地點	投降部隊番號	備考
	南京	6A 十川次郎	南京	6A 161D 90Bs 1Ks 及空軍地面部隊及降落傘部隊	
第六戰區 孫長官蔚如	漢口	6AA 岡部直三郎	武漢	6AA 131D 17Bs 83Bs 85Bs 11iBs 12iBs	
			沙市	132D 5iBs	
第十戰區 李長官品仙	徐州	65D 森茂樹	徐州	47D	
			海州	1iBs 海軍陸戰隊	
			蚌埠	65D	
			安慶	3D 6iBs	
第十一戰區 孫長官連仲	北平	華北方面軍 下村定	天津	9Bs	
			唐山	華北特別警備隊	
			北平	3TKD 8Bs 3Ks	
			保定	7Ks	
			石家莊	1Bs 2iBs	
第十一戰區 李副長官延年	濟南	43A 細川忠康	青島	5Bs 12Ks 海軍陸戰隊	
			濟南	11Ks	
			德州	9Ks	
第一戰區 胡長官宗南	洛陽	110D 師團長	洛陽	110D	

受降主官姓名	受降地點	代表投降部隊長姓名	投降部隊集中地點	投降部隊番號	備考
第五戰區劉長官峙	開封	12A鷹森孝	開封	13Ks	
			新鄉	6Ks	
			鄭州	10Ks	
			南陽	115D 4KB 92Bs 14Ks	
第二戰區閻長官錫山	太原	1A澄田徠四郎	山西省	114D 3Bs 10iBs 14iBs 5Ks	投降部隊集中地點由閻長官指定
第十二戰區傅長官作義	歸綏	蒙疆軍根本博	熱察綏三省	118D 2Bs 4Ks 及熱河省內部隊	投降部隊集中地點由傅長官指定

附記：

一、本表所列日本各投降部隊各集中地點，得依情況，
　　由中國陸軍總司令及各地區受降主官，臨時酌量變
　　更之。

二、日軍各投降部隊向集中地之開拔日期及行進路線，
　　由各地區受降主官規定之。

中國戰區中國陸軍總司令部備忘錄

中字第五號

日期：中華民國三十四年八月二十二日

致　　駐華日軍最高指揮官岡村寧次將軍

由　　中國戰區中國陸軍總司令部

事由：

一、頃閱合眾社馬尼剌廿日電稱，日本今日電麥克阿瑟
　　元帥曰：中國戰場自停戰以來，現情勢如下述：中

國軍事當局之軍隊，毫無紀律，擅自開入日軍佔領地區，並分別要求解除武裝，日軍盡其最大努力，但不能阻止彼等之愈形猖獗，使當地局面趨於混亂等語。

二、查我中國戰區最高統帥蔣委員長曾於八月十六日致貴官一電，明白指示關於駐華日軍之投降，應接受本總司令之命令，貴官已於八月十七日電復遵派今井總參謀副長至本總司令部洽降。照此則所有駐華日軍應向蔣委員長及本總司令所指定之受降主官投降，不得接受其他任何部隊之要求，而貴官及所屬部隊，亦不應向任何其他部隊接洽投降，貴官應已充分瞭解。今所傳馬尼剌廿日電如果屬實，本總司令認此舉乃日本有意侮蔑我軍，甚至有藉辭逃避停戰責任及義務之行動，貴官應負其責。本人以中國戰區中國陸軍總司令之地位，特提出嚴重警告，日軍不得作此惡意毀傷我軍譽之宣傳，並希切實答復為要。

中國戰區中國陸軍總司令陸軍一級上將　何應欽
本備忘錄封送岡村寧次將軍。

中國戰區中國陸軍總司令部備忘錄
中字第六號
日期：中華民國三十四年八月二十五日
致　　駐華日軍最高指揮官岡村寧次將軍
由　　中國戰區中國陸軍總司令部
事由：

一、凡日軍現駐地區內，一切行政組織及日軍扶植之
　　偽組織，應立即將各該組織原有人名、財產簿冊、
　　檔案、票據、土地房屋、器具、印信等，一律造具
　　清冊，並指定人員負責保管，聽候點收，不得有遷
　　移、毀壞、轉讓、隱匿等事。前項所稱之行政組
　　織，包括各項機關、銀行、學校、醫院以及各該組
　　織所經辦或佔有之各項工廠、礦場、商號、倉庫、
　　公共事業等。

二、凡財務及金融機關，不得再發公債、庫券、鈔票及
　　類似紙幣之票券，其已印未發之票券及券版、連同
　　財產現款、票據賬冊暨保管之公債、庫券基金、發
　　行鈔券之準備金等，一切保管財物，均應封存，並
　　派員連同原經管人負責保管，聽候接收。

三、日軍總部及所屬各部隊暨各級糧食管理組織，在
　　各地所控制之糧食、運輸工具、包裝材料、倉庫設
　　備、糧食工廠以及其他各種有關糧食器材，應立即
　　分區造冊，列明種類、數量、存在地點，儘速造報
　　聽報接收。在接收以前，凡存在倉庫之糧食及一切
　　工具器材設備，均由日軍派員負責保管。其在海陸
　　運輸途中之糧食，原經辦人應即運交就近港埠倉庫
　　存儲保管。至軍用糧食工廠及日人投資或合辦之
　　糧食工廠，各該原經辦人或經理人，均應負責保
　　持完整。

四、有關經濟生產事業之組織，及所佔有或存儲之物
　　資，例如：液體燃料、煤焦、棉花、紗布、絲、
　　糖、茶、豆、羊毛、皮革、紙張、油類、五金器材

及礦品等，均應由日軍派員連同原經營人負責保管，聽候接收。其各項組織所經辦或佔有之有關需要各事業如：電力、自來水、煤氣、煤礦等，在接收以前仍應繼續供應。

五、公用事業中，鐵路、公路、水運、空運、郵政、電信各項交通通信事業之業務，在接收以前，均應一律照常維持，並應照本總司令中字第四號備忘錄第二條第 6 款儘速開放。

六、有關教育文化之公私文物如：圖書、儀器、古書、古物、書版、字畫、建築、雕刻、美術品及一切文獻，在接收前，均應由原經營人負責保管，不得毀損。

　　中國戰區中國陸軍總司令陸軍一級上將　何應欽
本備忘錄係交本總司令部副參謀長冷欣中將送岡村寧次將軍。

中國戰區中國陸軍總司令部備忘錄

中字第七號

日期：中華民國三十四年八月二十四日

致　　駐華日軍最高指揮官岡村寧次將軍

由　　中國戰區中國陸軍總司令部

事由：

　　本總司令已令第三戰區顧長官祝同上將，即派有力之部隊向南京、上海挺進，接收各該地機場、車站，同時已命令本總司令中字第一號備忘錄附表所列各地區受降主官，派遣部隊，向就近各重要城市挺進，以便接

收，希轉飭所屬日本軍隊知照。

　　　　中國戰區中國陸軍總司令陸軍一級上將　何應欽

本備忘錄由本部副參謀長冷欣中將帶交岡村寧次將軍。

中國戰區中國陸軍總司令部備忘錄

中字第八號

日期：中華民國三十四年八月二十四日

致　　駐華日軍最高指揮官岡村寧次將軍

由　　中國戰區中國陸軍總司令部

事由：

　　　本部副參謀長冷欣中將到達南京二十四小時之後，續有中國傘兵兩隊，及在中國之美軍作戰司令部前進指揮所人員，連同中國傘兵共約二百八十人，由芷江飛南京大校場機場降落。該項人員駐地，由冷欣中將指定，希妥為保護為盼。

　　　　中國戰區中國陸軍總司令陸軍一級上將　何應欽

本備忘錄由本部副參謀長冷欣中將帶交岡村寧次將軍。

中國戰區中國陸軍總司令部備忘錄

中字第九號

日期：中華民國三十四年八月二十五日

致　　駐華日軍最高指揮官岡村寧次將軍

由　　中國戰區中國陸軍總司令部

事由：

　　　據中國戰區第三戰區司令長官顧祝同上將未養子電報告稱：餘姚、慈谿、紹興、寧波日軍與附近土匪聯

絡，企圖解決各該地之稅警團發生衝突，稅警損失甚
重，刻仍在對戰行動中。請通知岡村寧次將軍速令制止
等語。希貴官速令所屬全部日軍，除本總司令備忘錄中
字第一號所指定各地區受降主官所派之中國正規軍外，
不得向任何土匪接洽或向其投降。

　　　　中國戰區中國陸軍總司令陸軍一級上將　何應欽
本備忘錄由本部副參謀長冷欣中將帶交岡村寧次將軍。

中國戰區中國陸軍總司令部備忘錄

中字第十號
日期：中華民國三十四年八月二十五日
致　　駐華日軍最高指揮官岡村寧次將軍
由　　中國戰區中國陸軍總司令部
事由：

　　關於第二戰區受降事宜，中國戰區最高統帥蔣委員
長已於本（八）月十五日及八月十八日電令閻長官錫山
遵照辦理，其要旨如次：

一、太原附近日軍武器裝備以及交通線各場站，希即就
　　地指定人員收繳接收，並迅速進駐太原為要。

二、速向太原日軍司令官，接洽受降事宜。

　　以上各項，希轉飭貴軍駐太原第一軍軍司令官澄田
　　徠四郎將軍迅速妥為辦理。

　　　　中國戰區中國陸軍總司令陸軍一級上將　何應欽
本備忘錄由本總司令部副參謀長冷欣中將帶交岡村寧次
將軍。

中國戰區中國陸軍總司令部備忘錄

中字第十一號

日期：中華民國三十四年八月二十五日

致　　駐華日軍最高指揮官岡村寧次將軍

由　　中國戰區中國陸軍總司令部

事由：

　　　　據報青島市附近發現股匪，企圖破壞青島工廠，現僅距城八里，青島治安堪虞等情。根據本部致貴官中字第四號備忘錄附表所指定之受降指揮官所轄之部隊未進入青島前，如有任何破壞工廠之土匪，希飭當地日軍盡力防衛，以維護工廠之安全。

　　　　　中國戰區中國陸軍總司令陸軍一級上將　何應欽

本備忘錄由本部副參謀長冷欣中將帶交岡村寧次將軍。

中國戰區中國陸軍總司令部備忘錄

中字第十二號

日期：中華民國三十四年八月二十六日

致　　駐華日軍最高指揮官岡村寧次將軍

由　　中國戰區中國陸軍總司令部

事由：

一、本總司令中字第一號備忘錄第二項規定，臺灣、越南北緯十六度以北地區內之日本陸海空軍，及其輔助部隊，應由貴官負責指揮，向本總司令投降。

二、刻本總司令又奉命接受澎湖列島之日本陸海空軍及其輔助部隊之投降。此地區內之日軍，亦應由貴官負責指揮向本總司令投降。

三、希貴官立即召集越南北緯十六度以北，及臺灣澎湖
　　之日軍最高指揮官或其全權代表，暨駐在上述地區
　　與駐在中國之海軍最高指揮或其全權代表，於九月
　　二日以前齊集南京，準備與貴官同時參加簽字，並
　　接受本總司令之命令。

　　　　中國戰區中國陸軍總司令陸軍一級上將　何應欽
本備忘錄交本部副參謀長冷欣中將帶交岡村寧次將軍。

中國戰區中國陸軍總司令部備忘錄

中字第十三號

日期：中華民國三十四年八月二十六日

致　　　駐華日軍最高指揮官岡村寧次將軍

由　　　中國戰區中國陸軍總司令部

事由：

　　據第四方面軍突擊隊報稱，衡陽日軍，日來已焚毀
倉庫數處，並將重武器火砲等任意拋入湘江等語。似此
行為，殊有違本總司令中字第一號備忘錄第三項（3）
款之規定，希貴官嚴予查究並速轉飭所屬，不得再有上
項事件發生為要。

　　　　中國戰區中國陸軍總司令陸軍一級上將　何應欽
本備忘錄交本總司令部副參謀長冷欣中將帶交岡村寧次
將軍。

中國戰區中國陸軍總司令部備忘錄

中字第十四號

日期：中華民國三十四年八月二十八日

致　　駐華日軍最高指揮官岡村寧次將軍

由　　中國戰區中國陸軍總司令部

事由：

一、本總司令部中字第四號備忘錄暨附表計達。

二、為求受降便捷起見，對於前項附表之第一、第五兩戰區之受降內容改定如後：

三、本總司令部中字第四號備忘錄附表，除本備忘錄第（二）項所改定者外，其餘各戰區之受降內容，仍舊不變。

四、本備忘錄更改之事項除由本總司令分電第一、第五戰區胡、劉兩長官知照外，希轉飭日軍知照。

中國戰區中國陸軍總司令陸軍一級上將　何應欽

受降主官姓名	受降地點	代表投降部隊長姓名	投降部隊集中地點	投降部隊番號
第一戰區胡長官宗南	洛陽	110D 師團長	洛陽	110D
			開封	13Ks
			新鄉	6Ks
			鄭州	10Ks
第五戰區劉長官峙	南陽	12A 鷹森孝	南陽	115D 4KD 92Bs 14Ks

本備忘錄由便機交本總司令部派駐南京前進指揮所主任冷欣中將轉致岡村寧次將軍。

中國戰區中國陸軍總司令部備忘錄

中字第十五號

日期：中華民國三十四年八月三十一日

致　　駐華日軍最高指揮官岡村寧次將軍

由　　中國戰區中國陸軍總司令部

事由：

奉中國戰區最高統帥蔣委員長八月二十九日命令開：

「關於香港及九龍兩地之日軍投降，茲改定由英國
接收：

（1）本委員長已授權英國海軍少將哈考脫（Rear
Abmiral Harcourt）接收香港及九龍日軍之投降。

（2）派羅卓英中將為中國代表，威廉遜（Colonel
Williamson）上校為美國代表，參加接收香港日軍
投降。

（3）關於投降日期及詳細規定另行電知等因。特
請貴官查照並希轉飭香港九龍日軍知照。

　　　　　中國戰區中國陸軍總司令一級上將　何應欽

本備忘錄由本部駐南京前進指揮所主任冷欣中將轉致岡
村寧次將軍。

中國戰區中國陸軍總司令部備忘錄

中字第十六號

日期：中華民國三十四年八月三十一日

致　　駐華日軍最高指揮官岡村寧次將軍

由　　中國戰區中國陸軍總司令部

事由：

一、關於中國戰區各地區之受降主官暨受降地點，與投
　　降日軍集中地區等，以及有關日軍投降一切辦法，
　　本總司令曾有明白規定，並曾以第一號及第四號備
　　忘錄通知貴官在卷，並經先後一再聲明：（1）凡

非蔣委員長或本總司令所指定之部隊主官，日本陸海空軍不得向其投降繳械，及接洽交出地區與交出任何物資。（2）中國戰區內所有日本陸海空軍及輔助部隊，應各就現駐地負責維持地方良好秩序，直至蔣委員長或本總司令所指定之部隊及負責長官到達接收為止。貴官當已完全了解。

二、據報我察哈爾省會張家口於八月二十五日晨，被不明番號之軍隊（一說係股匪）佔領，本總司令殊為遺憾。查察綏熱三省地區，本部備忘錄第一號及第四號明白規定，應由第十二戰區司令長官傅作義上將負責接收。在傅長官及其所指定之中國正規軍未到達前，該地區日軍應負責維持該地秩序。

三、希貴官立即查明張家口究被何項部隊佔領，如果屬實，貴官及當地日軍長官應負其責。

中國戰區中國陸軍總司令一級上將　何應欽
本備忘錄由便機帶往南京交本部派駐南京前進指揮所主任冷欣中將轉致岡村寧次將軍。

中國戰區中國陸軍總司令部備忘錄

中字第十七號

日期：中華民國三十四年九月二日

致　　駐華日軍最高指揮官岡村寧次將軍

由　　中國戰區中國陸軍總司令部

事由：

根據盟軍最高統帥麥克阿瑟將軍規定：

一、日軍繳械時不舉行收繳副武器之儀式。

二、日軍代表於正式投降時不得佩帶軍刀。

三、凡日軍所有軍刀,均應與其他武器一律收繳。一俟正式投降後,日軍即不得再行佩帶軍刀。

以上規定,在中國戰區一律適用,希貴官知照並轉飭所屬日軍遵照。

　　中國戰區中國陸軍總司令陸軍一級上將　何應欽

本備忘錄由便機帶南京交由本部派駐南京前進指揮所主任冷欣中將轉致岡村寧次將軍。

中國戰區中國陸軍總司令部備忘錄

中字第十八號

日期:中華民國三十四年九月三日

致　　駐華日軍最高指揮官岡村寧次將軍

由　　中國戰區中國陸軍總司令部

事由:

一、本總司令部中字第十二號備忘錄計達。

二、奉中國戰區最高統帥蔣委員長命令,派陳儀將軍為臺灣及澎湖列島受降主官。

三、關於受降日期及詳細規定,另行電知,希貴官查照並轉臺灣及澎湖列島日軍最高指揮官知照。

　　中國戰區中國陸軍總司令陸軍一級上將　何應欽

本備忘錄便機帶南京交本部派駐南京前進指揮所主任冷欣中將轉致岡村寧次將軍。

中國戰區中國陸軍總司令部備忘錄

中字第十九號

日期：中華民國三十四年九月五日

致　　駐華日軍最高指揮官岡村寧次將軍

由　　中國戰區中國陸軍總司令部

事由：

一、茲規定本總司令接受日軍投降之地點、日期、時間及日軍投降代表簽字人與日軍投降代表出席人如下：

　　1. 地點：中華民國首都南京。

　　2. 時間：民國三十四年九月九日上午九時。

　　3. 日軍投降代表簽字人：日本陸軍大將岡村寧次。

　　4. 日軍投降代表出席人：岡村寧次大將之總參謀長。

　　越南北緯十六度以北之日軍最高指揮官或其全權代表。

　　臺灣澎湖列島之日軍最高指揮官或其全權代表。

　　中華民國（東三省除外），越南北緯十六度以北，臺灣澎湖列島之日本海軍最高指揮官或其全權代表。

二、前條各項，希照辦。

　　　　中國戰區中國陸軍總司令陸軍一級上將　何應欽

本備忘錄由飛機專送南京交本部副參謀長冷欣中將轉交岡村寧次將軍。

中國戰區中國陸軍總司令部備忘錄

中字第二〇號

日期：中華民國三十四年九月五日

致　　駐華日軍最高指揮官岡村寧次將軍

由　　中國戰區中國陸軍總司令部

事由：

　　茲根據貴官八月二十八日及三十一日覆文所列日軍各部隊兵力、最近駐地，特重新規定中國陸軍各地區受降主管、受降地點及日軍投降代表部隊長姓名，與日軍投降部隊集中地點暨日軍投降部隊番號等項如附表，希轉飭所屬日本軍遵照附表如文（附表三）。

　　　　中國戰區中國陸軍總司令陸軍一級上將 何應欽

本備忘錄由便機帶京交由本部派駐南京前進指揮所主任冷欣中將轉致岡村寧次將軍

附表三　中國陸軍各地區受降主官姓名，受降地點及日軍代表投降部隊長官姓名與投降部隊集中地點番號表三十四年九月四日

受降主管姓名	受降地點	日軍代表投降部隊長姓名	投降部隊集中地點	投降部隊番號	備考
第一方面軍盧司令官漢	河內	38A土橋勇逸	越南北部	38A 部21D1/3 22D其他	投降部隊集中地點由盧司令官決定
第二方面軍張司令官發奎	廣州	23A田中久一	廣州	23A 部104D130D23Bs8iBs13iBs二遣支隊	
			雷州半島	雷州支隊（1大/22Bs1大/23Bs）	
			瓊山	海南警備府	
第七戰區余長官漢謀	汕頭	23A田中久一	汕頭129D	汕頭支隊（2大半A1大/130D）	

受降主管姓名	受降地點	日軍代表投降部隊長姓名	投降部隊集中地點	投降部隊番號	備考
第四方面軍王司令官耀武	長沙	20A 阪西一良	長沙	20A 部 64D 81Bs 82Bs 2Ks	
			衡陽	68D（第九中隊以下在長沙）	
第九戰區薛長官岳	南昌	11A 笠原幸雄	南昌	71Bs	
			九江	11A 部 13D 58D 22Bs 84Bs 87Bs	
第三戰區顧長官祝同	杭州	13A 松井太久郎	廈門	廈門方面特別根據地隊	
			杭州	133D 71Bs 62Bs	
第三方面軍湯司令官恩伯	上海	13A 松井太久郎	上海	13A 部 27D 60D 31D 69D 89Bs 90Bs 上海方面根據地隊海軍特別陸戰隊	
	南京	6A 十川次郎	南京	6A 部 3D 34D 40D 161D 1Ks	

受降主管姓名	受降地點	日軍代表投降部隊長姓名	投降部隊集中地點	投降部隊番號	備考
第六戰區孫長官蔚如	漢口	6HA岡部直三郎	漢口	6HA 部 132D 83Bs 85Bs 5iBs 11iBs 揚子江方面特別根據地隊	
			武昌	116D 17Bs 12iBs 86Bs 88Bs	
第十戰區李長官品仙	徐州	6A十川次郎	徐州	65D	
			蚌埠	70D	
			安慶	131D 6iBs	
第十一戰區孫長官連仲	北平	北 HA根本博	天津	118D 9Bs 華北特別警備隊	
			北平	華北方面軍司令部 蒙古軍司令部 3TKD 2Bs 8Bs 3Ks 5Ks	
			保定	7KD	
			石家莊	1Bs 2iBs	
第二戰區閻長官錫山	太原	1A澄田𧶛四郎	山西省	1A 部 114D 3Bs 10iBs 14iBs 4Ks	投降部隊集中地點由閻長官指定
第一戰區胡長官宗南	鄭州	12A鷹森孝	鄭州	110D 10Ks	
			開封	13Ks	
			新鄉	6Ks	

受降主管姓名	受降地點	日軍代表投降部隊長姓名	投降部隊集中地點	投降部隊番號	備考
第五戰區劉長官峙	鄖城	12A鷹森孝	鄖城	115D 4Ks 92Bs 14Ks	
第十一戰區李副長官延年	濟南	43A細川忠康	青島	5Bs 1iBs 12Ks 青島方面特別根據地	
			濟南	13A 部 47D 9Ks 11Ks	
第十二戰區傅長官作義	歸綏	蒙A根本博	包頭	一大隊	
英海軍少將哈考脫Rear Admiral	香港	23A田中久一	香港	香港佔領地總督部香港防衛隊 香港方面特別根據地隊	
陳儀將軍	臺灣	10HA安藤利吉	臺灣	9D 12D 50D 66D 71D 65iBs 66iBs 100iBs 103iBs 105iBs 120iBs 其他	投降部隊集中地點由陳將軍指定

附記：

一、表列日軍代表投降部隊長姓名，及投降部隊集中
　　地點及投降部隊番號，係依據駐華日軍最高指揮
　　官岡村寧次將軍八月二十九日及八月三十一日復
　　文改訂。

二、本表所列日軍各投降部隊各集中地點，得依情況
　　由中國陸軍總司令，及各地受降主官，臨時酌量

變更之。

三、日軍各投降部隊內集中地之開拔日期及行進路
　　線，由各地區受降主官規定之。

芷江何應欽電

民國三十四年九月三日

限二小時到重慶行政院宋院長、外交部王部長、宣傳部
吳部長。在受降地區接收敵人投降時，各地區應依交通
狀況，由受降主官或派員赴敵人集中投降地點授訓令或
命令，由敵軍投降代表部隊長簽字於受領證，其訓令方
式如下：（一）日本駐華派遣軍總司令官岡村寧次大
將，已遵日本帝國政府及日本帝國大本營之命，率領在
中國（東三省除外），越南北緯十六度以北，臺灣澎湖
列島之日本陸海空軍，於中華民國三十四年九月九日在
南京簽具降書，向中國本區最高統帥特級上將蔣中正特
派代表中國陸軍總司令一級上將何應欽無條件投降。
（二）遵照何總司令命令，及何總司令致岡村寧次大將
中字各號備忘錄，指定本官及本官所指定之部隊接收某
某地區日本某某部隊及其輔助部隊之投降。（三）上第
二項之日本軍隊，應於中華民國三十四年九月某日照下
列規定切實施行：（1）關於日軍行動之規定。（2）關
於武器、彈藥、裝具、器材收繳之規定。（3）關於日
俘處置之規定。（4）關於城市接收之規定。（5）關於
車輛及一切軍用物資接收之規定。（6）關於軍事控制
下民用財產接收之規定。（7）關於交通通信接收之規
定。（8）關於區內海空軍及其基地場站設備接收之規

定。（9）其他一切細部規定，由各區各狀況規定之。
（四）受領證格式如下：今謹收到中國戰區第某戰區司
令長官（或司令官）第一號訓令一份，當遵照執行，並
立即轉達所屬及代表各部隊之各級官長士兵遵照，對於
本訓令及其他之一切訓令或指示，本官及所屬與所代表
之各部隊之全體官兵，均負有完全執行之責任。日軍番
號指揮官級職、姓名、簽字年月日及地點。除分令各地
區受降主官參照此方式辦理外，特電知照參考。芷何應
欽申江謀印。

何應欽簽呈
　　　　　　　民國三十四年九月九日　上午十時於南京
中國戰區日軍正式投降，業於本日上午九時按照預定程
序，在南京中國陸軍總司令部（即中央軍校原址）舉
行。日方投降代表，計有：駐華日軍最高指揮官陸軍大
將岡村寧次，支那方面艦隊司令官海軍中將福田良三，
支那派遣軍總參謀長陸軍中將小林淺三郎，臺灣軍參謀
長陸軍中將諫山春樹，支那派遣軍總參謀副長陸軍少將
今井武夫，第三十八軍參謀陸軍大佐三澤昌雄（代表越
南北部日軍指揮官），支那派遣軍參謀陸軍中佐小笠原
清等七人。我方受降代表除職外，計有：顧主任祝同、
陳總司令紹寬、張司令廷孟、蕭參謀長毅肅等四人。茲
謹將日軍降書及鈞座下達岡村之第一號命令受領證先行
賫呈，敬乞鈞閱。謹呈委員長蔣。職何應欽。
附呈日軍降書及受領證共二件。

降書

一、日本帝國政府及日本帝國大本營，已向聯合國最高
　　統帥無條件投降。

二、聯合國最高統帥第一號命令規定：「在中華民國
　　（東三省除外）、臺灣與越南北緯十六度以北地
　　區內之日本全部陸海空軍與輔助部隊，應向蔣委
　　員長投降。」

三、吾等在上述區域內之全部日本陸海空軍及輔助部
　　隊之將領，願率領所屬部隊，向蔣委員長無條件
　　投降。

四、本官當立即命令所有上第二款所述區域內之全部日
　　本陸海空軍各級指揮官，及其所屬部隊與所控制之
　　部隊，向蔣委員長特派受降代表中國戰區中國陸軍
　　總司令何應欽上將及何應欽上將指定之各地區受降
　　主官投降。

五、投降之全部日本陸海空軍，立即停止敵對行動，暫
　　留原地待命，所有武器、彈藥、裝具、器材、補給
　　品、情報資料、地圖、文獻、檔案及其他一切資產
　　等，當暫時保管。所有航空器及飛行場一切設備、
　　艦艇、船舶、車輛、碼頭、工廠、倉庫及一切建築
　　物，以及現在上第二款所述地區內日本陸海空軍，
　　或其控制之部隊所有或所控制之軍用或民用財產，
　　亦均保持完整，全部待繳於蔣委員長及其代表何應
　　欽上將所指定之部隊，及政府機關代表接收。

六、上第二款所述區域內日本陸海空軍所俘聯合國戰

俘，及拘留之人民，立予釋放，並保護送至指定
地點。

七、自此以後，所有上第二款所述區域內之日本陸海空
軍，當即服從蔣委員長之節制，並接受蔣委員長及
其代表何應欽上將所頒發之命令。

八、本官與本降書所列各款，及蔣委員長與其代表何應
欽上將以後對投降日軍所頒發之命令，當立即對各
級軍官及士兵轉達遵照上第二款所述地區之所有日
本軍官佐士兵，均須負有完全履行此類命令之責。

九、投降之日本陸海空軍中任何人員，對於本降書所列
各款，及蔣委員長與其代表何應欽上將嗣後所授之
命令，倘有未能履行或遭延情事，各級負責官長及
違犯命令者，願受懲罰。

奉日本帝國政府及日本帝國大本營命簽字人中國派遣軍
總司令官陸軍大將岡村寧次。

昭和二十年（公曆一九四五年）九月九日午前九時　分，簽字於中華民國南京。

代表中華民國、美利堅合眾國、大不列顛聯合王國、
蘇維埃社會主義共和國聯邦、並為對日本作戰之其他
聯合國之利益，接受本降書，於中華民國三十四年（公
曆一九四五年）九月九日午前九時　分，在中華民國
南京。

中國戰區最高統帥特級上將蔣中正特派代表中國陸軍總
司令陸軍一級上將何應欽

中國戰區中國陸軍總司令部命令　軍字第一號

中華民國三十四年九月九日

一、自本（九）日上午九時起，以後本總司令對於貴官
　　之一切行文，用命令或訓令。

二、在本（九）日上午九時以前，本總司令送達貴官之
　　中字第一號至第二十三號備忘錄，除以後另有命令
　　變更者外，一律視同命令。

三、本（九）日上午九時，貴官所簽定之降書及所領
　　受蔣委員長之第一號命令，貴官應以最快之方法轉
　　達於在中國本部（東三省在外）、臺灣（含澎湖列
　　島）、越南北緯十六度以北地區之日本陸海空軍。

四、貴官及所屬在中國本部（東三省在外）、臺灣（含
　　澎湖列島）、越南北緯十六度以北地區之日本陸海
　　空軍，應自本（九）日上午九時起，完全受本總司
　　令之節制指揮，不受日本政府之任何牽制。

五、貴官應於本（九）日將「支那派遣軍總司令官」名
　　義取銷，並自明（十）日起，改稱中國戰區日本官
　　兵善後總連絡部長官。

六、貴官之總司令部，應自明（十）日起，改稱中國戰
　　區日本官兵善後總連絡部。

七、中國戰區日本官兵善後總連絡部之任務，為傳達及
　　執行本總司令之命令，辦理日軍投降後之一切善後
　　事項，不得主動發佈任何命令。

八、依據本部中字第二十號備忘錄所區分之各地區日本
　　代表投降部隊長之原有司令部，著均改為地區日本
　　官兵善後連絡部。其投降代表長官原有名義，著一

律取銷,改稱地區連絡部長,茲分別規定如附表。
(附件四)

九、表所列日本官兵地區善後連絡部長,對中國各地區
受降主官之職務,在傳達及執行各受降主官之一切
命令,辦理該地區內日軍投降後之一切善後事項,
但不得主動發佈任何命令。

十、香港地區日本官兵之善後處理,由英國海軍少將哈
考脫(Harcourt)規定之。

右令日本官兵善後總連絡部長官岡村寧次大將

中國陸軍總司令陸軍一級上將　何應欽

中國陸軍各地區受降主官姓名及日本官兵地區善後連絡部及連絡部長姓名表

受降主管姓名	日本官兵地區善後連絡部	日本官兵地區善後連絡部長姓名
第一方面軍盧司令官漢	越北地區日本官兵善後連絡部	連絡部長土橋勇逸
第二方面軍張司令官發奎	廣州海南島地區日本官兵善後連絡部	連絡部長田中久一
第七戰區余長官漢謀	潮汕地區日本官兵善後連絡部	連絡部長田中久一
第四方面軍王司令官耀武	長衡地區日本官兵善後連絡部	連絡部長阪西一良
第九戰區薛長官岳	南潯地區日本官兵善後連絡部	連絡部長笠原幸雄
第三戰區顧長官祝同	杭州廈門地區日本官兵善後連絡部	連絡部長松井太久郎
第三方面軍湯司令官恩伯	京滬地區日本官兵善後連絡部	連絡部長十川次郎
第六戰區孫長官蔚如	武漢地區日本官兵善後連絡部	連絡部長岡部直三郎
第十戰區李長官品仙	徐海地區日本官兵善後連絡部	連絡部長十川次郎
第十一戰區孫長官連仲	平津保地區日本官兵善後連絡部	連絡部長根本博

受降主管姓名	日本官兵地區善後連絡部	日本官兵地區善後連絡部長姓名
第二戰區閻長官錫山	山西地區日本官兵善後連絡部	連絡部長澄田徠四郎
第一戰區胡長官宗南	新汴地區日本官兵善後連絡部	連絡部長鷹森孝
第五戰區劉長官峙	鄖城地區日本官兵善後連絡部	連絡部長鷹森孝
第十一戰區李副長官延年	青島、濟南地區日本官兵善後連絡部	連絡部長田川惠康
第十二戰區傅長官作義	包綏地區日本官兵善後連絡部	連絡部長根本博
臺灣行政長官陳儀將軍	臺灣地區日本官兵善後連絡部	連絡部長安藤利吉

六　美總統指派麥克阿瑟為盟邦統帥受降令

民國三十四年八月十二日

杜魯門總統已向麥克阿瑟元帥作下列指示，並附二件。

向盟邦統帥之指示：

一、依照美中英蘇政府之協議，為強制執行日本之投降目的起見，指派一盟邦統帥，茲指派麾下為盟邦統帥。

二、麾下需要一日本天皇簽署之公告，授權於其代表簽署投降文件。日本天皇所簽署之文告應在實際上照附後之方式（附件一）。麾下應採各項必需步驟向日本天皇、日本政府及日本大本營之正式授權代表，要求並取得其簽署之投降文件。投降文件之全文附後（附件二）。麾下將代表有關之四國政府及為與其他對日作戰之各聯合國之利益，接受投降。

三、余已請中英蘇三國首領各指派一代表，在投降之時間、地點，與麾下同行出席。為此目的，余已指派尼米茲海軍元帥為美國代表出席。余於獲悉他國指

　　派之人員時，當即通知麾下。麾下應作適之佈置。

四、日本軍隊全盤投降既經接受之後，麾下應要求日本
　　大本營頒發通令，將投降辦法及其他實施投降之細
　　則通知日本各司令官，無論其在何地。對於日本國
　　外部隊向各有關盟軍司令投降，麾下應與日本大本
　　營實施任何必要之聯繫。

五、自投降之時起，天皇與日本政府之統治國家之權
　　力，應聽從麾下，並由麾下採取認為適當各步項步
　　驟，以實施投降條件。

六、麾下對有關各同盟國為實施投降條件而或須派駐日
　　本之陸海空軍，執行最高命令。

七、麾下受任盟邦最高統帥，自收到此指示之時起生效。

　　　　　　　　　　　一九四五年八月十二日下午六時

附件一　日本天皇之公告

朕接受美、英、中三國政府首領於一九四五年七月
二十六日在波茨坦所宣佈，其後又經蘇聯加入之宣言所
列舉之條件，已命令日本帝國政府與日本帝國大本營代
表朕簽署盟邦統帥所提出之投降條件，並遵照盟邦統帥
之指示，對陸海部隊頒發各種通令。

通令

「朕命令所有朕之臣民，立即停止敵對行動，放下武
器，並忠實執行所有投降文件中之各款，及日本帝國大
本營根據上述各條款所頒佈之一切命令。」

附件二　投降文件

一九四五年八月十二日下午六時

一、余等遵奉日本天皇、日本政府及日本帝國大本營之
　　命令並為其代表，茲接受美、中、英三國政府首領
　　於一九四五年七月二十六日在波茨坦所發表，其後
　　又經蘇維埃社會主義共和國聯邦所加入之公告所列
　　舉之條款。中、美、英、蘇四國在此文件中將被稱
　　為盟邦。

二、余等茲宣佈：日本大本營與所有日本軍隊及所有在
　　日人管制之下之軍隊，無論在何地點，向盟邦無條
　　件投降。

三、余等茲命令駐紮任何地域之日本軍隊及日本人民，
　　立刻停止一切敵對行動，保存所有船舶，航空器及
　　軍民財產，使免毀損，並遵照履行盟邦統帥或在彼
　　指揮下日本政府之代理機關所規定之一切要求。

四、余等茲命令日本帝國大本營立刻發佈命令於所有駐
　　紮任何地域之日本部隊，及在日本管制下之一切部
　　隊之司令官，使彼等自身及在彼等管制下之一切部
　　隊，無條件投降。

五、余等茲命令所有民政及陸海軍官員，遵照並履行
　　盟邦統帥對實施此次投降所認為適當而發佈或經其
　　授權所發佈之一切公告命令及指示。余等並指揮此
　　類官員除經統帥或經其授權特別解職者外，各留崗
　　位，繼續執行其非戰鬥性質之職務。

六、余等茲代表天皇與日本政府及其繼承者，擔任忠
　　實執行波茨坦宣言之各項條款，並發佈及採取經盟

邦統帥或其他經指定之盟邦代表,為實施宣言之目
的,而所需之任何命令及任何行動。

七、余等茲命令日本帝國政府與日本帝國大本營,立即
釋放現在日本管制下之所有盟國戰俘,與拘留之僑
民,並予以保護、照料、給養,並迅速將其運送至
指定地點。

八、天皇與日本政府統治國家之權力,應聽命於盟邦統
帥。盟邦統帥可採取其所認為適當之各項步驟,以
實施此等投降條件。

簽字於一九四五年　月　日在
奉日本天皇與日本政府之命及代表天皇與日本政府
奉日本帝國大本營之命及代表日本帝國大本營
代表美利堅合眾同中華民國、聯合王國與蘇維埃社會主
義共和國聯邦,及對日本作戰之其他聯合國利益接受於
一九四五年　月　日在
盟邦統帥、美利堅合眾國代表、中華民國代表、聯合王
國代表、蘇維埃社會主義共和國聯邦代表

受降典禮

　　一九四五年八月之最後數日,第十一空運隊之少數
隊伍於橫濱附近之亞出之(Atsugi)機場降落,日本工
業及交通重要中心之橫濱,時已為超級空中堡壘炸成廢
墟。空運部隊降落時未遭抵抗,且受日本官員之禮遇,
駐日本本土未經戰敗之陸軍,則遵其天皇及政府之命令
投降。繼空運隊者則為武裝隊伍之降落,麥帥設其司令
部於橫濱。一九四五年九月一日,美第八軍開始登陸,

而美軍之控制亦迅速的擴張於東京灣區域，日本官員並
於各地協助美軍之接收工作。

九月二日（東京時間），麥帥及在太平洋作戰諸盟
國之代表，接見將參加受降典禮之日本政府及軍隊代
表，典禮係於泊於東京灣之戰鬥艦米蘇里號上舉行，投
降文書規定日本完全接受及履行波茨坦宣言，軍隊無條
件投降，日本政府及軍隊應執行盟軍總部之一切命令，
釋放盟國戰俘及被拘之平民，日本天皇承認本身及其政
府受盟軍命令節制，該文書由麥帥以盟軍最高統帥名義
簽字及美、中、英、蘇、澳、加、法、荷及新西蘭各國
之代表亦共同簽字。

幾於同時，天皇下詔曉諭其臣民謂其本人及日本政
府已接受投降條件，日本各地之軍隊已受命放下其武
器。日本投降既已正式完成，杜魯門總統向美國人士廣
播謂，彼祈求上蒼許吾人在戰勝自豪之時勿忘面前之重
責，吾人應以四年來打破困難之勇氣、熱忱及忍耐以完
成此重責，V-J日為吾人對吾人主義之新奉獻，吾人之
主義已使美國成為世界最強國家，而為吾人在此次大戰
中曾盡最大努力以保其完整者，美國自身可造就一安居
樂業之將來，與聯合國合作美國可以建立一基於正義、
公道及容忍之和平世界。」

通令第一號：

極機密。余已批准下述致麥克阿瑟元帥之通令，包
含日本軍隊投降之詳細規定。

日本大本營遵奉日皇之指示，並依照日皇代表日本

所有軍隊向盟邦統師之投降，茲令所有日本國內外司令官，使在其指揮之下之日本軍隊及為日本管制之軍隊，立行停止戰鬥行為，放下武器，駐在其現時所在之地點，並向代表美、中、英、蘇之司令官，如下列所述或如盟邦統帥以後所指示者，無條件投降。除盟邦統帥對於詳細規定有所更改外，應迅與下述之司令官取得聯繫。各司令官之命令應立即完全執行。

甲、在中國（滿洲除外），臺灣及北緯十六度以北之法屬越南境內之日本高級將領及所有陸海空軍及附屬部隊應向蔣委員長投降。（極機密）

乙、在滿洲，北緯三十八度以北之高麗及樺太島（註：即庫頁島）境內之日本高級將領及所有陸海空軍及附屬軍隊應向遠東蘇軍總司令投降。

丙、在安德滿群島、尼可巴群島、緬甸、泰國，北緯十六度以南之法屬越南、馬來亞、婆羅州、荷屬印度、新幾尼亞、畢斯麥群島及蘇羅門群島境內之日本高級將領及所有陸海空軍及附屬軍隊向東南亞盟軍統帥或澳大利亞軍隊之司令官投降（蒙巴頓與澳軍之確實劃分，由其自行商定後，再由盟邦統帥對於此節詳細規定）。

丁、在日本委任統制各島，琉球、小笠原群島及其他太平洋島嶼境內之日本高級將領及所有陸海空軍及附屬軍隊應向美國太平洋艦隊總司令投降。

戊、日本大本營及在日本各本島附近各小島，北緯三十八度以南之高麗，及菲律賓境內之日本高級將領及所有陸海空軍及附屬軍隊，應向美國太平洋陸

軍總司令投降。

己、上述各司令官為惟一當權接受投降之盟邦代表，所
　　有日本軍隊應只向彼等或其代表投降。

　　日本帝國大本營並命令其在日本及國外之各司令
官，將日本部隊及在日本策劃下之部隊，無論在何地點
完全解除武器，並在盟軍統帥所指定之時間及地點，將
所有武器及裝備完全繳出。

（一）在日本本土之日本警察，在另有命令以前，得免
　　　受此項解除武裝之規定。警察部隊各留崗位，並
　　　應負責任維持法律與秩序。此類警察部隊之人數
　　　及武裝另行規定之。

（二）日本帝國大本營應在收到此命令（若干日）內，
　　　以關於日本及在日本管制下各地區之全部情報供
　　　給盟邦統帥，如下：

　　　甲、關於一切陸上空中及防空部隊之各表，說明
　　　　　此類官佐士兵之地點與人數。

　　　乙、關於一切陸軍、海軍及民用航空器之各表，
　　　　　說明此類航空器之數量、式樣、地點及情狀
　　　　　之全部情報。

　　　丙、關於日本及在日本管制下之一切海軍船舶，
　　　　　水面與水底及附屬海軍船隻，能用與不能
　　　　　用，及尚在製造中者之各表，說明彼等之地
　　　　　位情狀及行動。

　　　丁、關於日本及在日本管制下之一切商業船舶，
　　　　　在一百噸以上者，能用與不能用，及尚在製
　　　　　造中者之各表，包括原來屬於任何聯合國家

而現在日本手中之商業船舶在內，說明彼等
之地位情狀及行動。

戊、完全及詳細之情報附以地圖，說明一切地
雷、地雷區及其他陸海空行動之障礙物之地
點及散佈狀況暨與此有關之安全通道。

己、一切軍事設備及建築之地點及詳情，包括飛
機場、海上飛機基地、高射砲防禦地、港口
及海軍基地、堆棧及倉庫、永久及臨時之陸
地及海岸防禦工事、保壘，及其他設防區域
在內。所有聯合國戰俘及普通人民之集中營
及其他拘留所之地點。

（三）日本武裝部隊及民航當局應保證所有日本陸海軍
及民用航空器材均停留地上水上或船上以待後來
之命令及處置。

（四）日本及在日本管制下之各式海軍及商業船舶應予
維持，不使受損，並在盟邦統帥另有命令以前不
作任何行動，在海中航行之船隻應即將各式炸藥
投置海內，以免危險，不在海中航行之船隻應即
將炸藥移送陸上安全存儲。

（五）負責之日本或在日本管制下之軍政官員須保證：

甲、所有日本水雷、地雷及雷區以及其他海陸空
各方面行動之障礙物，不論其置於何處，必
須按照盟邦統帥之指示撤除之。

乙、所有與航行有助之設置須立即恢復。

丙、在上列甲項未完成以前，所有航行安全之路
徑須保持通行，並明顯標出。

（六）在盟邦統帥另予指示以前，負責之日本及在日本
管制下之軍政官員須妥保並不得損項物事：

　　甲、所有武器、軍火、炸藥、軍事裝備、倉庫及
　　　　供應品，及軍事裝置與設備，包括機場、水
　　　　上飛機基地、高射砲防禦地、港口及海軍某
　　　　地、倉庫站、永久及暫時之基地及海岸防禦
　　　　工事、堡壘及其他設防區域，以及所有此類
　　　　築城工事、設備、裝置之圖型及計劃（來件
　　　　無乙、丙兩項，應請鈞座飭皮武官向美軍總
　　　　部詢問）

　　丁、所有計劃或企圖生產或便利各種武器之運用
　　　　及生產之各工廠、機械廠、製造所、研究機
　　　　關、試驗室、實驗站，關於技術方面所收集
　　　　之資料，專利文件、計劃、圖樣及發明以及
　　　　其他軍事或半軍事機關，對其活動有關，所
　　　　用或擬用之材料及資產。

（七）日本帝國大本營須在接獲此項命令（若干日內）
向盟邦統帥供給關於上述第六項中之甲、乙、丁
三段特別指出之項目之完備清單，並指出每項之
數目，種類及所在地點。

（八）所有武器、軍火及戰爭用具之生產及分配，須立
即停止。

（九）關於在日本或日本管制下之當局手中之聯合國戰
俘及被拘留之僑民。

　　甲、所有聯合國之戰俘及僑民之安全及福利必須
　　　　謹慎保持，凡與供給充份食糧、住所、衣服

及醫藥有重要關係之管理及供應方面之服務
亦包括在內，直至此項責任為盟邦統帥接收
為止。

乙、每一聯合國戰俘及僑民之集中營或其他拘留
處所及其設備，倉庫，紀錄，武器及軍火，
須立即交與戰俘及僑民指定之代表或其高級
官長管理。

丙、遵照盟邦統帥指示，戰俘及僑民須運至安全
地帶，俾盟邦當局得予接受。

丁、日本帝國大本營須在接獲此命令（若干日）
內，向盟邦統帥供給所有聯合國戰俘及僑民
之完備名單，並指出彼等所在地點。

（十）所有日本及在日本管制下之軍政官員，須協助盟
軍佔領日本及日本管制之區域。

（十一）日本大本營及該管日本官吏須準備在盟軍各佔
領司令官之訓令下，收集並交納一切日本民眾
所有之武器。

（十二）此項通令與所有以後為盟邦統帥或其他盟軍軍
事當局所頒佈之命令，日本及在日本管制下之
軍政官員及日本平民，必須謹慎迅速遵守。任
何不遵守或延緩遵守此項命令或嗣後命令之規
定，及任何被盟邦統帥認為有害盟國之行為，
將為盟軍當局及日本政府與以立刻嚴屬懲處。
通令完結。

此項命令，經本人批准，但得因聯合參謀部頒佈另
外命令，及因盟邦統帥在其所知之施行情形下變換細目

而與以變更。關於本命令中，有括弧部份之措置，由盟
邦統率決定之。

七　中國派員赴日接受降
蔣中正致麥克阿瑟函

民國三十四年八月十三日

麥克阿瑟元帥麾下：本日余已電達麾下，派徐永昌
將軍為余接受日本武裝部隊投降之代表，茲特專函介紹
徐永昌將軍，囑其持函晉謁麾下。徐將軍在敝國內迭任
軍事要職，近六年來任軍事委員會軍令部長，功績卓
著。余對之信任甚深，其能對於現所派充之任務執行成
功，余無疑焉，敬希麾下予以各項必需之合作及指導，
此不獨為徐將軍所感激，即余與中國政府亦將同深感激
也。順向閣下重表敬意，並祝勛綏。

第二章
處理敵偽財產前的籌議

第二章　處理敵偽財產前的籌議

一　處理籌議

民國三十五年

（一）過去處理敵偽產業工作概況：

戰時處理敵偽產業係由行政院設敵產處理委員會專施其事，並曾頒佈「淪陷區敵國資產處理辦法」及「敵產處理條例」以為執行此類事件之依據。三十四年八月敵人投降後，由中國陸軍總司令部辦理受降時各省市成立黨政接收委員會，行政院為辦理接收，於同年十月設立收復區全國性事業接收委員會，該會之下分區設立敵偽產業處理局執行處理。至東北及臺灣因情形特殊，由東北行轅設置敵偽事業資產統一接收委員會，臺灣省行政長官公署設置日產處理委員會，分別主管處理工作，嗣全國性事業接收委員會於三十五年七月裁撤，由行政院在安定財政緊急會議內設第四處，主管敵偽產業。

（二）處理原則：

甲、原則：政府決定沒收日方在華之公私財產以及日方在華經營之一切事業，以抵償因日本之侵略而遭受之重大損失，行政院曾於三十四年十一月廿三日本此原則頒佈「收復區敵偽產業處理辦法」。

乙、一般辦法要點如此：

一、視產業性質，分交各機關接管運用。

二、產業原為日僑所有，或為日僑出資收購，或產業原屬華人與日偽合辦者，均收歸中央政府。

三、產業原屬本國、盟國或友邦人民，由日方強迫

接收或強迫合作者，發還業主。

四、產業適於國營者，交由主管機關經營。

五、較小之工廠，以公平價格標售。

（三）各國態度：

甲、美國意見：我國曾於三十四年九月三日以備忘錄送致美國大使館，聲明我國政府決定沒收日方在華之公私財產以及日方在華經營之一切事業，以抵償因日本之侵略而遭受之重大損失，十月十一日接美國大使館略復，內容要點如下：

一、關於日本在華公私財產部份：對中國政府予以沒收一節並無異議，惟倘遇有聯合國之利益混入日本財產者，即不予沒收。沒收日本財產應有專賬記載其值，以抵作中國應得賠償之數。

二、在中國境外之日本資產部份：資金暫予凍結，使其不能動用。此項資產之處置將定為最後清算賠償之一部份。

三、在美國境內日本資產部份：已由外籍產業保管人採取移轉所有權之措置移交於美國政府。

乙、蘇聯意見：我國於三十四年九月三日以同樣備忘錄送致蘇聯大使館，並未獲覆。嗣後於倫敦五外長會議時照會莫洛托夫，蘇外長答復應交由日方管制委員會決定。

丙、英國意見：一九四六年三月二十二日英國大使館略達中國政府表示：日本在中國資產之詳細處置，應由各盟國共同會商解決。

（四）遠東委員會之擬議：

　　遠東委員會對日本國外財產問題，迄未解決。但各盟國境內日本公私財產抵充各該國賠償，各國在原則上多表同意，遠東委員會並曾於去年六月間提出「報告日本國外資產案」，其中對各境內之財產除由各國提出統計數字外，並請將該項財產之現狀，包括接收、清算（說明其利益）、接辦等情形，此案雖尚延而未決，但由此可見遠東委員會對各該國境內日產予以處理，並未有何異議。

（五）處理敵產尚未解決之各項問題：

　　甲、日本在中立國之資產應如何處理：日本在中立國之資產應如何處理，我國以前迄未作何正式表示。美國方面，除於一九四五年九月間，會同英國要求中立國凍結並調查日本之公私財產外（見一九四五年九月七日美大使館勞勃生參事致劉次長函），並於同年十月十一日致我節略中表示態度如次：在中國境外之日本資產，資金暫予凍結，使其不能運用。此項資產之處置將最後清算賠償之一部份，我國似可同意此項主張。

　　乙、日本在盟國之資產，由所在國政府沒收抵充賠償後，如有剩餘部份應如何處置？

似應由盟國共同處理，作為最後清算賠償之一部份。

　　丙、處理敵偽產業之起算日期之確定，以及自該時起其資產如已設法逃避，或有將產權轉，應否仍應認其為敵偽產業，予以追回沒收？

　　處理敵國在華產業應自九一八為起算日期，關內則始於七七事變，自各該時起，敵偽產業如有將其資金逃

避至國外或其產權移轉等情事，應認為無效，予以追回沒收。

（六）對處置敵偽產業所頒佈之有關法令應行修正或更訂者：

甲、收復區韓僑產業處理辦法第二條「韓僑依法取得之產業凡被日偽沒收使用或接收者，經查明據確實後，發還其原主，其與日偽合辦之產業除其中屬於日偽所有之部份應依敵偽產業處理法處理外，經查明證據確實後發還之」，應予修正為「韓僑依法取得之產業凡被日偽沒收使用或接收者，經查明證據確實後，發還其原主。其與日偽合辦之產業，除有強迫性者外，應予沒收。」

乙、「收復區私有土地上敵偽建築物處理辦法」曾規定對於敵偽強購之房地產，得與當時領價金比照黃金價格，申值繳價領回。惟自經濟緊急措施方案實行後，黃金價格經官價定為四十八萬，不准自由賣買，故已與物價脫節。今經濟上情勢既已變遷，茲項比照黃金價格申值繳價領回房地產辦法，自有重予規定之必要。

二　收復區敵偽產業處理辦法

敵產處理委員會組織規程

民國三十二年三月十四日

第一條　行政院依敵產處理條例第十二條之規定，設立敵產處理委員會（以下簡稱本會）。

第二條　本會對於各地方主管官署執行本會主管事項有指示監督之責。

第三條　本會設委員九人，由行政院及內政、外交、軍
　　　　政、財政、經濟、交通、教育及司法行政部各
　　　　派代表一人組織之。

第四條　本會設常務委員五人，由行政院就各委員中指
　　　　派之，並指定一人為主任委員。

第五條　本會設主任秘書一人，組長三人，由常務委員
　　　　分別兼充，秘書二人，副組長三人，組員十六
　　　　人至二十四人，均由本會就有關機關人員分別
　　　　調充或派充之，並得酌用雇員。

第六條　主任秘書、組長、秘書、副組長，承主任委員
　　　　之命分別掌理會務。

第七條　本會設左列各處組：
　　　　一、秘書處
　　　　二、第一組
　　　　三、第二組
　　　　四、第三組

第八條　秘書處職掌如左：
　　　　一、關於文書收發核擬紀錄及檔案保管事項。
　　　　二、關於典守印信事項。
　　　　三、關於職員考核事項。
　　　　四、關於款項出納及預算決算之編製事項。
　　　　五、關於物品之購置修繕保管及其他一切庶務
　　　　　　事項。
　　　　六、不屬於其他各組事項。

第九條　第一組職掌如左：
　　　　一、關於敵產登記之督察事項。

二、關於敵產登記之審核事項。

三、關於敵產逾限登記之處分事項。

四、關於敵產登記之統計事項。

五、關於敵產登記之有關事項。

第十條　第二組職掌如左：

一、關於敵產清理之督察事項。

二、關於敵產清理糾紛之處理事項。

三、關於敵產清理之審核事項。

四、關於敵產清理之統計事項。

五、關於敵產清理之有關事項。

第十一條　第三組職掌如左：

一、關於敵產管理之督察事項。

二、關於敵產委託管理之核定事項。

三、關於敵產管理發生問題之處理事項。

四、關於敵產管理之有關事項。

第十二條　本會每月舉行會議二次必要時得由主任委員召開臨時會議。

第十三條　本會因事實需要得聘用顧問，上項顧問概為無給職。

第十四條　本會會議規則及辦事細則另定之。

第十五條　本規程自公布日施行。

淪陷區敵國資產處理辦法

民國三十三年三月十四日

一、凡敵國在中國工礦事業之資本財產及一切權益，一律沒收作為國有，由中國政府經管處理之。

（說明）所謂淪陷區者，東北各省以及臺灣、澎湖群島皆在其內，在各淪陷區內敵人充份毀損吾國資源（其中如煤、鐵、鋁、鎂等重要礦產損耗儲量，為數甚多，尤為不可補救之損失），破壞吾國財產以擴張日本侵佔實力，吾國所受損害至極重大，此時即宜決定宣告凡敵人在吾國淪陷各地所有之資本財產及一切權益，一律悉皆沒收作為國有，且吾國對日宣戰令中已正式聲明，已往一切合同契約，概歸無效，故正當主張凡敵國及淪區之資產權利不問其屬於彼方之政府或私人，皆應同等看待，沒收充公。

二、敵人在淪陷內不得遷出或破壞任何設備，如有違犯，應負完全賠償之責。

（說明）當戰事將終時，日人將淪區設備撤遷該國，或炸毀重件，使吾國無可使用，極為可能，自應先為警告，絕對不許有此種行為，如果違犯，該國須於最短時間，完全賠償不得推諉。並由外交途徑通知各同盟國政府。

三、凡與敵人合辦之事業，不論公營或私營，一律由中國政府派員接收，分別性質，應歸國營者，移交國營事業機關，應歸民營者移交正當民營事業組織接辦。

（說明）淪陷區各事業，有歸特種公司經營者（如滿洲重工業特殊會社、輕金屬特殊會社等），有歸軍管理者（如中興煤礦、上海電廠、長江鐵礦等）又有名為中日合辦而實為日方操縱者（如華北開發

會社、華中振興會社及其投資之各事業），此類事業關係最為重大，為吾國經濟之命脈，須一律由中央政府接收清理，依照事業性質移交經營，庶能認真整理，納之軌物。

四、淪陷區各事業遇有必要，中國得責令敵國指派經管，或熟悉人員負責點交說明。

（說明）淪陷區敵人所設事業，往往規模宏大，設備繁多，吾國驟為接收，不免隔閡，吾國政府自應責令敵國負責點交，俾吾國接收人員得以迅速明瞭。

淪陷區敵國資產處理辦法修正案

一、凡敵國在中國之公私事業資產及一切權益，一律接收由中國政府管理或經營之。

二、敵人在淪陷區內不得遷出或破壞任何設備，如有違犯，應負完全賠償之責。

三、凡與敵人合辦之事業，不論公營或私營，一律由中國政府派員接受，分別性質，應歸國營者國營事業機關，應歸民營者移交正當民營事業組織接辦。

四、淪陷區各事業遇有必要中國得責令敵國指派經營或熟悉人員負責點交說明。

淪陷區工礦事業接收整理辦法

民國三十三年三月十四日

一、經濟部為收復失地工礦事業，得在部內設立淪陷區工礦事業整理委員會，籌擬處理一切接收恢復

事宜。

二、經濟部派員隨反攻軍事之進展，至原經淪陷各地接收工礦事業，並隨工作之進展，設立分區工礦整理處，依照部定方案，執行收復整理之任務。

三、各區工礦整理處迅速查明接收之資產及原來之狀況，開具目錄及說明，呈報經濟部，並由部擬具處理方案（包括移交接管國營民營各項辦法）呈請行政院核定後，令行照辦。

四、分區整理處對敵人所辦之工礦事業，應依照淪陷區敵國資產處理辦法之規定妥為辦理。

五、分區整理處遇有盟國投資之工礦事業，應迅即查明事實情形，呈報經濟部秉承行政院商洽移交。

六、各地方政府軍事機關及部隊對於中央所定接收整理辦法，應切實尊重，協助執行。

七、各地接收整理工作對於有關國防之工礦事業應特為重視，認真辦理。

八、接收工礦事業時，對於原事業所存之款項，證券等類，應迅即查明，電報經濟部，由部規定處理辦法，呈報行政院備案。

九、接收工礦事業時對於各事業間所有聯繫互助關係及辦法，應迅即報告經濟部，由部規定實行辦法，並呈報行政院備案。

十、每區接收整理工作應迅速辦理，期於一年內完成，屆時整理處應即裁撤。

十一、每區整理處整理工作結束時，應造送工作總報告呈部，並由部呈院備案。

十二、本辦法經行政院核定後，交由經濟部先行準備各
　　　項具體工作，俾可依時施行。

收復區土地權利清理辦法

民國三十四年八月二十八日

第一條　收復地區土地權利之清理，除法令既有規定者
　　　　外，依本辦法之規定。

第二條　土地權利人應以執有左列各款證件之一者，為
　　　　其產權憑證。

　　　　一、依法辦理土地登記所發之土地權利書狀。

　　　　二、依法辦理土地陳報所發之土地管業執照。

　　　　三、依其他經國民政府核定之法令整理地籍所
　　　　　　頒發之土地權利證件。未經依法令整理地
　　　　　　籍之地方人民之土地權利以原有之證件為
　　　　　　憑證。

第三條　凡敵偽組織對於公有私有土地所為之處分，及
　　　　其所發給之土地權證件，一律無效。土地權利
　　　　人舊有之證件，經加蓋敵偽組織印信者，應在
　　　　原敵偽印信上加蓋「無效」戳記，並依照本
　　　　辦法第八條之規定，補辦登記或推收暨稅契
　　　　手續。

第四條　經敵偽組織放領之公有土地一律無效，但其承
　　　　領人為自耕農而繼續耕作者，得限期辦理承領
　　　　手續。

第五條　經敵偽組織沒收之私有土地，應由所有權人提
　　　　出確切證件後發還之，如有特殊原因不能發還

時，得依法征收之。

第六條 經敵偽組織發價征收之私有土地，由政府保管清理。如目前無重大公共需要者，得准原所有權人提出確切證件，繳價領回。

第七條 在敵偽組織勢力範圍內被非法強佔之私有土地，應歸還於原土地所有權人。其在強佔期間原土地所有權人所受之損害，應由強佔人負損害賠償之責。

第八條 在戰爭期間市縣政府不能行使政權之地方，土地權利之移轉應由權利人於克復後，政府公開行使政權六個月內，依法向該管市縣政府補行登記或稅契。

第九條 戰前地籍整理完竣之土地，如其經界變更或圖冊散失者，應補行測量，以恢復土地使用原狀為原則，但於必要時，得執行土地重劃。

第十條 各省市政府得依據本辦法擬訂施行細則，送請中央地政機關核定之。

第十一條 本辦法自公布日施行。

收復區敵偽產業處理辦法

民國三十四年十一月二十三日

一、收復區敵偽產業之接收及處理，以全國性事業接收委員會為中心機關。其所作決定，該區各機關均須遵照辦理。

二、全國性事業接收委員會在重要區域設敵偽產業處理局，辦理該區敵偽產業（德僑產業包括在內）。處

理事宜，如有必要，得另設審議委員會，呈由行政院令派有關機關首長及地方公正人士充任。決定處理辦法，由局督導執行。

三、處理局依下列規定分別委託有關機關接收保管運用。

1. 軍用品	軍政部
2. 軍艦	海軍總司令部
3. 陸上運輸工具	戰時運輸管理局
4. 水上運輸工具	招商局
5. 空中運輸工具	航空委員會
6. 碼頭倉庫	海關或直接有關機關
7. 工廠礦場設備原料成品	經濟部
8. 固體及液體燃料	專管燃料機關
9. 地產房屋傢具	中央信託局
10. 糧食（糧食及打米廠麵粉廠）	糧食部
11. 農場（農場蠶桑水產畜牧及獸疫防治等事業）	農林部
12. 大學及文化機關之設備	教育部
13. 錢幣金銀證券珍寶飾物	中央銀行
14. 直接有關地方事業	省市政府

四、處理敵偽產業之原則如下：

（一）產業原屬本國盟國或友邦人民，經查明確實證據係由日方強迫接收者，應發還原主。但原主應備殷實保證，始得領回。

（二）產業原屬華人與日偽合辦者，其主權均收歸中央政府。前項產業如由處理局查明確實證據，並經審議會通過認為與日偽合辦，係屬強迫性質者，

得呈請行政院核辦。

（三）產業原為日僑所有，或已歸日偽出資收購者，其
產權均收歸中央政府。所有分別性質，照右列辦
法辦理。

甲、與資源委員會所辦國營事業性質相同者，交
該會接辦。

乙、紗廠及其必需之附屬工廠，交紡織業管理委
員會接辦。

丙、麵粉廠交糧食部接辦。

丁、規模較小或不在甲乙丙三項範圍以內者，以
公平價格標售。

（四）敵偽產業之負債應就各該資產總值範圍以內，分
別清償。其欠日偽之負債，應償還中央政府。

（五）業已接收之各工廠，應由經濟部督飭從早復工。

（六）業已接收之鐵路電訊，應由交通部主持實行施用。

（七）各收復區原有之接收及處理敵偽產業機關，一律
撤銷，移交處理局，以統一事權而利調整。

（八）本辦法自公布日施行。

收復區私有土地上敵偽建築物處理辦法

民國三十五年四月二十四日

第一條　收復區私有土地上敵偽建築物之處理除法令另
有規定外，依照本辦法之規定。前項私有土地
以按照「收復區土地權利清理辦法」清理後取
得土地權利之私有土地為限。

第二條　凡收復區人民房屋及其他建築物因戰事被毀

（包括遵奉政府命令自動或被拆毀燒毀），經敵偽在原土地上重行建築或經敵偽將原建築物增建或拆毀重建者，應由主管縣市政府依法估定其價值，分別情形為左列之處理：

一、新建築物之價值與舊有建築物之價值相等或較低於舊有建築物價值者，應由原建築物所有權人無代價領回，作為損失之抵償。

二、新建築物之價值高於舊有建築物之價值者，其價值之超過部份應由原建築物所有權人備價補償，其補償價款得於最長不超過五年之期限內分年攤還，於價款完全清付時取得該建築物之所有權。

三、新建築物不宜於私人住宅商店之用而合於土地法第三百三十六條各項規定之需要者，縣市政府得依法徵收之。

前項各款於私人租用公有土地之建築物為敵偽拆除增建者適用之。私人建築物經敵偽拆除後將其材料在其他土地上建築者，應提出確實證明，依照民法之規定由司法機關處理之。

第三條　收復區私有土地原為基地，經敵偽組織或敵僑漢奸興建房屋或其他建築物者，應由主管縣市政府依法估定其價值分別情形為左列之處理：

一、建築物不宜於私人住宅商店之用，而合於土地法第三百三十六條各款規定之需要者，縣市政府得依法徵收其基地連同該建

築物一併收歸公有。

二、建築物之宜於私人住宅商店等用途，經基
地所有權人之聲請，得依照該建築物之估
定價值，繳價承領，其價款得於最長不得
超過十年之期限內分年攤還，於價款完全
清付時取得該建築物之所有權。

第四條　依本辦法之規定應備價補償或備價承領之建築
物，其原建築物或原基地所有權人無力分年償
付或不為償付時，縣市政府得接管其建築物，
列為公產，並照原建築物之價值補償之。

第五條　縣市政府評定房屋價值時應依照土地法第二六
〇條、第二六一條及土地法施行法第六八條之
規定辦理。

第六條　各省市政府得依照本辦法擬訂施行細則，送請
中央地政機關核定之。

第七條　本辦法自公佈日施行。

收復區私有土地上敵偽建築物處理辦法（修正案）

民國三十五年七月二十九日

第一條　收復區私有土地上敵偽建築物之處理依本辦法
之規定，本辦法所未規定者依其他法令。前項
私有土地以按照「收復區土地權利清理辦法」
清理後取得土地權利之私有土地為限。

第二條　凡收復區私有土地原為基地經敵偽組織，或敵
僑漢奸興建房屋或其他建築物者，應由敵偽產

業處理機關會同縣市政府依法估定其價值，分別情形為左列之處理：

一、建築物合於土地法第二百〇八條各款及第二百〇九條之規定者，得依法征收其基地連同該建築物一併收歸公有。

二、建築物之宜於私人住宅商店工廠等用途者，得由處理機關限定適當時期通知基地所有權人優先繳價承購，所有權人逾期不為承購者得拍賣之。

第三條　前條拍賣之建築物應由承購人向基地所有權人協商購買其土地，協商不能成立時，承購人對於基地享有其地上權。前項地上權地租之訂定準用民法第八百七十六條第一項及土地法第九十七條之規定。

第四條　收復區人民房屋及其他建築物因戰事被毀經敵偽組織，或敵僑漢奸在原基地上重行興建房屋或其他建築物者，准由基地所有人優先繳價承購，其無力繳價時得分期於六個月付清，如逾期不付清得拍賣之。

第五條　收復區人民房屋及其他建築物經敵偽組織或敵僑漢奸加以修建者，准由原所有權人就增修部份交價領回，其無力交價時得分期於六個月內付清，如逾期不付清得拍賣之。前項房屋及其他建築物如經拍賣後承購人與基地所有權人間之關係依本辦法第三條之規定。

第六條　前條經敵偽修建之房屋及其他建築物，如係不

變更原有形態之普通修繕准由原所有權人無償
領回。

第七條　依本辦法處理之房屋及其他建築物價值之評
定，由敵偽產業處理機關會同縣市政府依土地
及土地法施行法之規定辦理。

第八條　本辦法自公布日施行。

收復地區土地權利清理辦法（修正案）

民國三十五年七月二十九日

第一條　收復地區土地權利之清理，依本辦法之規定，
本辦法未規定者，依其他法令。

第二條　土地權利人應以執有左列各款證件之一者為其
產權憑證：

　　一、依法辦理土地登記所發之土地權利書狀。

　　二、依法辦理土地陳報所發之土地管業執照。

　　三、依其他法令整理地籍所頒發之土地權利
　　　　證件。

　　未經依法令整理地籍之地方人民土地權利以原
有之證件為憑證。

第三條　凡敵偽組織對於公有私有土地所為之處分及其
所發給之土地權利證件一律無效。土地權利人
舊有之證件經加蓋敵偽組織印信者，應在原敵
偽印信上加蓋「無效」戳記，並依本辦法第八
條之規定，補行登記或稅契。

第四條　敵偽組織放領之公有土地一律無效，但其承領
人為自耕農而繼續耕作者，得限期重辦承領手

續，並免予繳價。

第五條　敵偽組織沒收或強佔之私有土地應由所有權人
　　　　提出產權憑證發還之，如有土地法第二百零八
　　　　條或二百零九條之情事時，得依法征收之。
　　　　所有權人不能提出產權憑證者，應取具鄉鎮保
　　　　甲長或四鄰之證明書。

第六條　敵偽組織發價征收之私有土地，由政府保管清
　　　　理，得准所有權人提出確切證件，以徵收時所
　　　　領價金按目前物價指數繳價領回，惟所繳價款
　　　　不得超過現時土地價值，但合於土地法第二百
　　　　零八條或二百零九條之情事時，應依法補辦征
　　　　收手續。

第七條　敵國人民或漢奸強佔之私有土地，准由原土地
　　　　所有權人提出產權憑證，予以發還。

第八條　在戰爭期間市縣政府不能行使政權之地方，土
　　　　地權利之合意移轉，應由土地權利承受人於地
　　　　方收復政府公開行使政權六個月內，依法向該
　　　　管市縣政府補行登記，在尚未辦理土地登記之
　　　　地方，應補行稅契。
　　　　前項規定補行登記或稅契之期限，因交通不便
　　　　或其他特殊情形必須延長時，得由主管市縣政
　　　　府酌定層報上級政府核轉備案，但以不得超過
　　　　政府公開行使政權後二年為限。

第九條　本辦法所定土地權利之清理由市縣政府執行
　　　　之，其由敵偽產業處理局接收之土地由該局會
　　　　同市縣政府清理之。

第十條　本辦法施行細則由省市政府擬定，呈請行政院
　　　　核定之。

第十一條　本辦法自公佈日施行。

行政院為處理敵偽銀行資產訓令

民國三十五年三月七日

據財政部呈稱：「據京滬區財政金融特派員辦公處呈
稱：本辦公處以接收敵國銀行係沒收性質，其債權之對
象至為複雜，如敵偽機關，或敵偽私營企業，於日本投
降之際，殆多解散，主持人員潛匿無蹤，事實上恐不易
追回其所負債務，我政府自無代敵清償之義務，即使債
權人中有與敵偽無關之人民，因不清理而蒙受損失，亦
可正式申請，由敵國賠償。復因各敵性銀行現有之庫
存，多與債務數字相去懸殊，設將債務予以清償，則勢
須變賣不動產，或由我政府墊付，兩有未便。爰擬規定
凡敵性銀行於接收後清查其資產負債之確實數字，其債
權方面迅予追回，其債務則一律暫不予清償，俟日本履
行賠款，再行核議，故僅予整理，不予清理，再將贜餘
資產交敵產業處理局處理。至於偽銀行除收回債權外，
其所負債務，如工礦事業存款有清償之必要者，自依規
定支付，如此清理之後，再將贜餘資產交敵產處理局處
理等語似屬可行，理合呈請鑒核，通飭施行。」等情，
核尚可行，准予照辦，除分令各有關機關外，合行令仰
知照，並轉飭知照。此令。

財政部長俞鴻鈞致外交部長王世杰函

民國三十五年五月二十八日

雪艇先生部長勛鑒：展奉五月十七日大函，誦悉壹是。關於戰時敵人及偽組織所發軍用票、鈔票，暨掠奪我金銀準備金情形，查敵人前發之軍用手票，曾以偽中儲券收換，散在各地者，當已無多。惟華南區內尚有較多數量流通，現已就各地辦理登記，惟登記數目，尚未報齊。敵人發行之臺灣銀行券，現尚未以新券收回。至偽組織所發鈔票，除偽蒙疆券、偽滿洲券，現以事實所限，未能詳加調查外，偽中儲券、偽聯銀券，經以法幣收換，現亦尚未藏事。惟該兩種偽鈔之發行總額，前已加以調查（已抄送李幫辦捷才查洽），並經就其發行期內每三個月之發行數量，與同期之物價指數，加以比較；折合戰前法幣，現卷存重慶，已電飭速送來京，即可轉送。至掠奪我金銀準備金一節，以平津存銀數量為鉅。惟前經調查，多數尚存平津原地，仍在詳細調查及清理中。承囑各節除由本部錢幣司戴司長銘禮，隨時與貴部楊司長雲竹接洽外，特先奉復，即祈察照為荷。祇頌勛綏。

行政院停止敵產移轉訓令

民國三十五年七月十五日

查淪陷區域所有公私財產，多被日偽強取豪奪，致法律失其保障，閭閻滋生糾擾，曾迭據各接收機關報稱，日方莠民利用交接時期，事務尚未就緒，擅將前項動產或不動產私行轉移，意圖隱匿脫逃，殊與法紀不合，亟應

嚴予取締，以杜流弊。茲規定敵產停止移轉日期，仍以前陸軍總部公布之「日人在中國私人產業暫行處理辦法」所規定以三十四年十月一日為限，逾期移轉者無效，除分令暨報請國防最高委員會備案外，合行令仰遵照，此令。

院長 宋子文

收復區及臺灣敵偽經濟事業在日資產「條文、說帖、統計表」

中國被佔領區敵偽經濟事業所有在日本境內一切資產，包括金融機構準備金、存款、股票、金銀及固定資產，應由中國政府一併接收（列入政治條款中國專篇）。

臺灣境內敵營經濟事業所有在日本境內一切資產包括金融機構準備金、存款、股票、股票、金銀及固定資產，應由中國政府一併接收（列入財產權益條款臺灣專篇）。

收復區及臺灣敵偽經濟事業在日資產應由我一併接收（說帖）。

（一）前言

查收復區及臺灣敵偽經濟事業應由我接收抵充賠償一部分，前經照准美方同意在案，其法理根據，容另案研究。此等經濟事業在日資產計金融機構準備金達三十餘億日元，存款達一萬億日元，股票達一億日元，固定資產達一千萬日元，黃金六十萬公分，純銀二十萬公分（詳見附表），為數甚鉅，自應由我一併接收。茲就法理及慣例分別申論如後。

（二）收復區敵偽經濟事業在日資產

（甲）主權利之移轉及於從權利，此為公認之法理原則，收復區之敵偽經濟事業既由我接收，其在日之資產自應一併歸我接收。

（乙）逆產不論在於何處，均應予以沒收，偽營經濟事業在日資產自不例外。

（三）臺灣經濟事業在日資產

一、法理根據：

（甲）主權利之移轉及於從權利，臺灣經濟事業既由我接收，其在日之資產自應歸我一併接收。

（乙）領土之割讓不影響原屬國之義務，此為國際法上公認原則，日本自應歸還臺灣經濟事業在日資產。

二、國際先例：

凡爾賽和約歐洲政治條款亞爾薩斯勞蘭專篇第六十條規定，德國政府應將在一九一八年十一月十一日屬於亞爾薩斯勞蘭人（自然人及法人與公家機關）之所有財產權利及利益在德國領土內者，迅速送還。根據此項規定，我自可要求日本返還臺灣經濟事業在日資產。

收復區及臺灣經濟事業在日準備金統計表

臺灣區	344,376,243,059	日元
東北區		
華北區		
華中區		
華南區		
總計	344,376,243,059	日元

收復區及臺灣經濟事業在日存款統計表

臺灣區	49,511,101,967	日元
東北區	100,348,391,180,611	日元
華北區	553,526,759,410	日元
華中區	651,876,317,263	日元
華南區	54,804,512	日元
總計	101,603,360,163,763	日元

收復區及臺灣經濟事業在日股票統計表

臺灣區	11,672,726,658	日元
東北區	12,675,679,658	日元
華北區	2,615,679,880	日元
華中區		
華南區		
總計	26,964,086,196	日元

收復區及臺灣經濟事業在日固定資產統計表

臺灣區		
東北區	29,676,950	日元
華北區	496,880,013	日元
華中區	78,000,000	日元
華南區	533,603,799	日元
總計	1,138,160,762	日元

收復區及臺灣經濟事業在日黃金統計表

臺灣區		
東北區		
華北區	607,268.9	公分
華中區		
華南區		
總計	607,268.9	公分

收復區及臺灣經濟事業在日純銀統計表

臺灣區		
東北區		
華北區	21,534,433.92	公分
華中區		
華南區		
總計	21,534,433.92	公分

三 敵產處理條例

敵產處理條例

民國三十二年十二月七日公布

第一條　敵國公有及敵國人民私有財產之處理，除依國
　　　　際慣例外，依本條例之規定。

第二條　敵國公有及敵國人民私有財產，均應舉行
　　　　登記。

第三條　左列各項敵國公有財產可供軍用者，得扣押使
　　　　用或沒收之：

　　　　一、不動產。

　　　　二、運輸機械、船、車、軍火、糧食及其他可
　　　　　　供軍用之動產。

　　　　三、現款基金、有價證券及其他為國家應課之
　　　　　　稅項。

第四條　敵國人民私有財產，可供軍用者，得扣押使
　　　　用，或於必要時破壞之。

第五條　敵國公有及敵國人民私有森林、礦產、農墾及
　　　　其他不可充軍用之不動產，得管理之，其屬於
　　　　公有者，並得取其收益。

第六條　敵國教堂、學校、病院、美術館、歷史紀念
　　　　物、圖書館、藝術館及其珍藏品，應為管理，
　　　　不得轉讓或毀壞。

第七條　凡與中立國地方相連之電線及其他設置，非必
　　　　要時不得扣押或毀壞。

第八條　中華民國人民管理或占有屬於敵國人民之財
　　　　產，或與敵國人民有債權債務關係者，應於一

個月內，向該管地方官署登記，公司及商號之有敵國人民股本者亦同。

第九條　免予收容唯其繼續居留之敵國人民，得自行管理其財產，但應由該管地方官署予以監視。奉准移居之敵國人民，其財產得呈准該管地方官署委託中國人民代為管理。

第十條　送入收容所或退出國境之敵國人民，其財產應由該管地方官署予以管理，必要時應予以清理。

第十一條　對於敵國公有敵國人民私有債權停付其本息。

第十二條　關於敵產之處理應設立敵產處理委員會，其組織規程由行政院定之。

第十三條　本條例施行細則，由行政院定之。

第十四條　本條例自公布日施行。

敵產處理條例施行細則

第一條　本細則依本條例第十三條之規定訂定之。

第二條　敵國公有及敵國人民私有財產之登記，須由所有人或登記代管人或占有人向主管官署聲請之，其聲請登記者經主管官署查覺或人民舉發時，得由主管官署逕予登記。

第三條　敵國公有及敵國人民私有動產登記之事項如左：
一、所有人姓名國籍。
二、代管人或占有人與所有人之關係。

三、種類。

四、數量。

五、價格。

六、經常收益情形。

七、其他有關事項。

第四條　敵國公有及敵國人民私有不動產登記之事項如左：

一、所有人姓名國籍。

二、置產之年月。

三、代管人或占有人與所有人之關係。

四、種類。

五、所在地。

六、四至面積（如係房屋應註明層數及間數）。

七、價格。

八、現在使用人使用情形。

九、經常收益情形。

十、其他有關事項。

前項登記應呈驗權益證書。

第五條　中華民國人民依本條例第八條所為管理或占有之登記，除依前二條之規定外，應敘明管理或占有之性質，其有契約或其他證件者，並須呈驗。

第六條　敵國公有、敵國人民私有、債權債務之登記事項如左：

一、債權或債務人姓名國籍住址。

二、債之性質及成立原因。

三、成立年月及期限。

四、金額或數量。

五、利息。

六、擔保情形。

七、債務清償狀況及未償餘額。

八、其他有關事項。

前項登記須呈驗契約或其他證件。

第七條　地方官署辦理敵產登記發生國籍疑義時，屬於一般敵國人民國籍及舊奧籍人、德籍猶太人國籍者，應隨時報請內政、外交兩部解釋。屬於教產者，應依教產契約所載國籍決定之，未註明國籍者，依左列各款定其國籍。

一、教堂平時名稱所冠國名及所懸國旗。

二、教堂及教產契約成立時在主管官署所報國籍。

三、教堂向由何國保護。

四、教堂自行提出之國籍證明。

第八條　登記敵籍教會產業時，發現其契約有未經依照內地外國教會租用土地房屋暫行章程第三條之規定呈報核准者，如其租用行為發生於該項章程施行以後，應飭其先行照章呈請核准，再行依照土地法施行法第三十一條之規定，向主管地政機關登記，如租用行為發生該項章程公布以前者，應按內地外國教會租用土地房屋暫行章程第六條之規定以永租權論，並應依照土地法施行法第三十一條之規定履行登記。

第九條　公司或商號敵國人民股本之登記，除公司法第

　　　　　八十八條第一款至第四項或商業登記施行細則
　　　　　第十條第一項第一款至第五款各事項外，並登
　　　　　記敵國人民股本之數額。

第十條　　敵產為集團財產，其中有包括數個不動產者，
　　　　　除依本細則第三條、第四條分別登記外，並應
　　　　　由該財產所有人或代管人編製財產目錄，附送
　　　　　主管官署備案。

第十一條　敵產登記後主管官署應於十日內公告之。

第十二條　敵產經登記後非經敵產處理委員會核准，不
　　　　　得處分。

第十三條　地方官署依本條例第三條第四條扣押或使用
　　　　　之敵產，應呈經敵產處理委員會核准，如因
　　　　　軍事需要不及呈請時，應申敘情由，補報該
　　　　　會備案。

第十四條　地方官署依本條例第五條、第六條及第十條
　　　　　管理之敵產，應於登記後驗收之。

第十五條　敵產管理依左列之規定：

　　　　　一、學校、教堂、病院、美術館、圖書館、
　　　　　　　藝術館、森林、礦業、銀行及其他企業
　　　　　　　工廠等，應由主管官署考核實際情形，
　　　　　　　報請敵產處理委員會指定關係官署或委
　　　　　　　託私人代為管理。

　　　　　二、應予管理之敵產因國防或公益之必要，
　　　　　　　得繼續使用或利用之。

　　　　　三、應予管理之敵人動產，得因必要，移置
　　　　　　　適當處所，編號保管。

四、現款或有價證券及其他貴重物品，應儲
　　存國家銀行或其指定之金融機關，或覓
　　妥當地點保管之。

五、商標專用權除依法撤銷消滅無效者外，
　　一律不得襲用，但政府得因國防民生所
　　必需，於國營事業內暫行使用。

六、敵產品質如易損破或不便保存或於保
　　管費將於最短期內超過其原有價值者，
　　應估價報請敵產處理委員會核准公開拍
　　賣，所得價款依本條第四款規定存儲。

七、保管之敵產向經保險者，應繼續辦理，
　　未保險者，由主管官署斟酌辦理。

八、本條例第九條之敵產主管官署得隨時檢
　　查並令管理官署接收管理之。

九、敵產代管人因死亡或其他情形至不能代
　　管時，由主管官署接收管理之。

第十六條　管理敵產除遇有緊急情事應迅報敵產處理委
　　　　　員會核辦外，並應按月報告。

第十七條　管理敵產之主管官署長官更迭時，敵產部份
　　　　　應專案移交。

第十八條　管理敵產直接發生之費用由該財產中支付
　　　　　之，但須經敵產處理委員會核定。

第十九條　地方官署依本條例第十條清理敵產時，應於
　　　　　報端並黏布告公布應予清理之戶名，催告各
　　　　　利害關係人於公告後一月內提出證據，聲明
　　　　　權利義務。

第二十條　清理費用由清理財產中儘先支付。

第二十一條　敵產清理完畢，應按月造具財產目錄，依
　　　　　　照細則第十五條之規定管理之，並報請敵
　　　　　　產處理委員會備案。

第二十二條　本條例稱地方官署為縣市政府，在院轄市
　　　　　　為財政局。

第二十三條　本細則自公布日施行。

四　接收敵產

外交部電各使領館

民國三十四年八月二十一日

駐美魏大使、英顧大使、蘇傅大使：中、美、英、蘇四
國，已決定向中立國政府及其交戰國政府要求接管日本
使領館之財產案卷，並已飭令日本政府通知其駐中立國
使領館及其權益代管國，希即與駐在國政府及英蘇、美
蘇、英美使節保持連絡。部長王。

美國駐華大使館節略

民國三十四年十一月六日

　　美國大使館茲向外交部致意並聲述，案奉美國國務
卿令飭，將左開麥克阿瑟元帥本年十月二十五日飭由日
本政府遵辦之訓令，轉達部方查照。

一、茲遵盟國列強之指示特頒下開訓令，仰日本帝國政
　　府遵辦為要。

　　（甲）日本政府應即通飭各有關之代管國，除駐在
　　本令（乙）項所列舉之國家者外，凡在由瑞典國或

瑞士國擔任保護日本權益之國家內，應即刻將日本駐在該國各使領館之財產及檔案，原封交由業經指派負責接收該項財產及檔案之盟國四強代表，作物質之保管。惟該代管國仍應繼續執行其保護日僑通常之任務。

（乙）日本政府廳即通飭駐在聯合王國、蘇聯、中國、美國、英國自治領、法國及荷蘭，以及各該國之殖民地及屬國內各有關之代管國，即刻將日本駐在各該國使領館之財產及檔案，原封交由各該國政府，作物質上之保管。

（丙）日本政府應即通飭駐在各中立國內之日本使館，即刻將其各使領館之財產及檔案，原封交由業經指派負責接收該項財產及檔案之盟國五強代表，作物質上之保管。查瑞典及瑞士兩國，既在他處辦理保護日本權益之事宜，所有保護日本僑民通常之任務，應由該兩國擔任。

（丁）日本政府應即刻召回其駐在各中立國之使領館代表，除依本令（甲）、（丙）兩項所規定者及以後成立之手續外，日本政府應即停止其與各外國政府之關係。

等因，奉此。查美國國務卿已通知麥克阿瑟元帥，所有關於在全世界各有關國家之首都接收日本使領館之財產及檔案所應採之方式，應就地由四強各主要外交代表洽商決定。倘在某一國內，四強均無外交代表，則應由駐在該國之關係方面負責辦理。同時，將妥定因地制宜之適當辦法。美國代表不擬於每次均代表四強辦理此

事等語。關於其他與日本為交戰國之代表得予利用日本之財產及檔案之問題，美國國務卿業已通知麥克阿瑟元帥，告以此事，將同樣為駐在該項檔案所在國之四強代表應行交涉者也，等語。合即咯達。

外交部致駐美魏大使電

民國三十四年十月二十七日

魏大使。抗戰八年，我海軍及港灣設備，悉遭破壞，航空事業，慘蒙毀損。日本現有之殘餘海軍、艦艇各項海軍設備、航空機及航空工業生產設備等，應由我方接收，作為賠償之一部。日本現有海空軍實力表，航郵寄發，仰先與美政府交涉，徵求同意，電部。王世杰。

駐美魏大使電

民國三十四年十月三十日

第四〇五號。三十日。急。重慶外交部王部長。三十日電計達，日海軍之處置，美國政府頃告已決定辦法。戰鬥艦及巡洋艦，均將予以毀壞，驅逐艦及較小艦艇，則由中、美、英、蘇四國共分。蘇聯已贊同此議，英國尚未復，但料無問題。魏道明。

外交部致駐美魏大使電

民國三十四年十一月三日

駐美魏大使電。四〇五號電悉。對日戰爭，我國所受損失，較其他盟邦為鉅。故賠償分配之比例自應較大。此次對日剩餘軍艦之分配，或將成為將來其他賠償品分配

之先例，希續向美方交涉電復，並參閱杰與美國務卿在倫敦時關於日本對華賠償事件之往來文件。王世杰。

駐美大使館譚紹華來電

民國三十五年一月九日

第五四一號。九日。急。重慶外交部部、次長鈞鑒：魏大使昨晚離華府，今日訪晤美國外部遠東局局長等各員。據中國司副局長告稱，關於分配日本軍艦事，法國要求參加等語。查該項軍艦。原由中、美、英、蘇四國平均分配，其有多餘者，由中國接受，經魏大使向美方提出，並電陳在案。關於法國參加一節，將來美國外交部如正式提出徵詢意見，我方應如何答覆，乞電示。譚紹華叩。

外交部致駐美魏大使電

民國三十五年一月十五日

駐美大使館。五四一號電悉。如美國正式徵詢意見，我當答以中國不能贊同法國參加分配，因法國未實際參加遠東戰爭，我並可附帶指明中國未參加德艦之分配。外交部。

駐美大使館來電

民國三十五年一月十一日

第五四七號。十一日。重慶外交部王部長。五四一號電，計邀鈞覽。關於日艦分配事，復與美國外部遠東局高級職員非正式談及，據告和蘭亦有同樣要求，美國外

部均未答復。並謂美國外部擬以此案，俟有決定，再為提詞答復法、和兩國。又當談及所分日艦於美徒增累贅而影響我國海防效用甚巨時，渠即表示，如我國政府正式向美請求於接收後將其應得部分轉贈我國，美國政府自必予以同情考慮等語。譚紹華。

附註：541號來電，法已向美國要求分配日艦事。機要密註。

外交部致駐美大使館電

民國三十五年一月十五日

第七六八號。駐美大使館。五四一號已復。五四七號電悉。我國不能贊同和蘭參加分配日艦，因中、美、英、蘇對日戰爭出力最多，貢獻最大，且中國亦未參加德艦之分配。至請求美方將其應得部分轉贈我國事，希口頭與美方密洽，成立諒解，俟分配辦法決定後，即行正式提出。外交部。東。

駐美大使館來電

一月二十九日

第五六七號來電。重慶外交部鈞鑒：關於日本海軍由四強平均分配，以及魏大使於去年十一月間將我方應分得較大部分之要求，通知美國務卿一事，已於第五四七號電陳在案。昨准國務院照會稱：大量船隻現均從事於遣送掃雷及其他有關執行日本投降之工作，俟彼等不復需用於上述各項工作時，最高統帥即將據情報告美國政府，屆時美國政府自當與各有關國家政府商洽，將日本

之船隻平均分配於英、蘇、中、美四國，國務院希望知
悉我政府與上述程序是否同意。再國務院於另一口述文
件中解釋稱：美國不能對平均分配原則提出修改之建
議，蓋此種建議僅能引起盟國間之不安與爭執，而不能
予中國以適當之利益。且目前日本之船隻使用甚劇，至
彼等可解除工作時，實已不能對海軍之力量有任何實際
之增益。就另一方面而言，美方相信中國政府，於美國
目前對中國海軍人員之訓練，將美船移交於中國海軍之
考慮，以及成立美國海軍顧問團於中國計劃等事實中，
當能了解美國對中國海軍之關切。美國務院並告職謂：
如四強均同意於上述之程序，則美政府即可答復法國
及荷蘭政府，以日本海軍之分配一案，業已結束，美
國政府對彼等要求分配一事，勢難再加考慮等語。我
方能否接受上述之程序，乞核示。再第七六八號電奉
悉，當於適當時期辦理。

外交部致駐美大使館電

民國三十五年二月五日

駐美大使館。七六八號電計達。五六七號電悉。美方所
提分配日本海軍之程序，中國政府可表同意。惟同時應
向美方聲明，我國抗戰最久，損失最大，對其他物資之
分配，中國應享有優先權與最大之分配比例。此次軍艦
之分配當不能視為成例。外交部。東。

接收日本剩餘軍艦船隻案議程

甲、報告事項

一、本部奉行政院三十四年十一月二十日訓令,以奉主席代電飭提出接收日本飛機、艦船、軍需工業,及掠奪我國之文獻古物案等因,令本部召集軍政、軍令、經濟、教育、內政各部,迅速會商核辦具復。曾於去年十一月二十六日召集各部會商,對如何進行接收日本現存物資事,加以討論,業已呈報在案。頃及奉行政院本年二月十八日指令,關於接收日本剩餘軍艦船隻案,軍令部函請召集會議,以資準備,令本部召集有關機關開會,商討辦理具報,並附發我國駐美海軍副武官林遵中校擬具對於「分配日本剩餘艦艇及商船意見」之報告書一份(報告書已印發),故本部召集各部,再行會商。

二、本部在上次會議後辦理各案情形:

　　1. 關於接收日本飛機汽車工廠問題:本部於去年十一月二十日即電令駐美魏大使與美商洽。去年十二月三十一日魏大使復電略稱:「關於飛機問題,美方認為須待徵得麥帥同意後方能決定。美政府對於航空汽車工業,認其係處置日本整個工業問題,美方現正研究是否將由外交途徑磋商,抑由遠東委員會討論,或另組賠償委員會辦理」。

　　2. 索還日本自甲午戰爭以來掠奪我文獻古物案:教育部清理戰時文物損失委員會呈奉行政院核准派員赴日調查我文獻古物損失,經本部數度與美方

交涉，麥帥表示歡迎我派遣一、二專家隸屬於總部聯絡員下工作，教育部已決定派李濟、張鳳舉兩先生前往，正辦理赴日手續中。

3. 接收日本海軍船艦案：本部十月二十七日即電飭魏大使向美方交涉，十月廿七魏大使覆電：日海軍之處置，美政府頃告已決定辦法，戰鬥艦及巡洋艦均將予以毀壞，驅逐艦及較小船隻則由中、美、英、蘇四國共分，蘇聯已同意。英方尚未復，料無問題。嗣法國、荷蘭亦向美國提出分配日本船艦之要求，當經電飭魏大使向美國表示，我國不贊同法、荷參加分配日船艦（並密請求美方將其應得部分轉贈我國，且希望於事前口頭密洽，成立諒解）。茲據駐美大使館一月二十九日來電略稱：「昨准國務院照會，日本大量艦隻，現均從事於遣送掃雷及其他執行日本投降之工作，俟其不復需用於上述工作時，美國政府自當與各有關國家政府商洽，將日本之船隻平均分配於中、美、英、蘇四國。國務院希望知悉我國政府對上述程序是否同意，再國務院於另一口述文件中解釋略稱：美國不便對平均分配之原則，提出修改之建議，恐此種建議，引起盟國之爭執，無利於中國。美國務院並面告：如四強同意於上述程序，美政府即可答覆法、荷政府以日本海軍之分配一案業已結束，美國政府對彼等要求分配一事勢難再加考慮。」經本部令駐美大使館對美方所提分配日艦隻之程序表示同意，同時

並向美方聲明，我抗戰最久，損失最大，對其他
物資之分配，不得援照此四國均分例。中國應享
有優先權與最大分配比例。並已將辦理情形呈報
行政院蔣主席鑒核。

乙、討論事項

1. 關於行政院交議我國駐美海軍武官林遵中校擬具
對於「分配日本殘餘艦艇及商船意見」之報告有
何意見及如何處理案。

（一）關於分配原則之意見者。

（二）關於分配日本正式軍艦之意見者。

（三）關於接收準備者。

附分配日本殘餘艦艇及商船意見

一、日本殘餘艦艇之數量

據美海軍部本（三十四）年十一月二十六日函件，日本
現餘艦艇其數量可如下表：

1. 正式軍艦		
艦種	剩餘數目	其中受傷及不能行動之數目
戰艦	1	1
航艦	8	8
巡洋艦	10	8
驅逐艦	41	12
潛艇	58	4
以上共計正式軍艦 118 艘，其中受傷者 33 艘，完整者 85 艘，尤以驅逐艦及潛艇大部份均無損傷。		
2. 特務軍艦		
艦種	剩餘數目	其中受傷及不能行動之數目
護航驅逐艦	95	26
佈雷艦	18	3
改裝佈雷艦	2	1
改裝佈網艦	8	0
掃雷艦	26	0

艦種	剩餘數目	其中受傷及不能行動之數目
改裝內河掃雷艦	24	0
砲艇	14	3
改裝砲艇	1	0
驅潛艇	157	31
改裝驅潛艇	38	0
潛艇母艦	2	2
運輸艦	14	4
魚雷艇	2	0
巡邏艇	30	3
油船	2	2
供應艦	3	0
破冰船	1	0
靶船	3	2
訓練船	2	0
佈雷線船	1	0
貨船	1	0
改裝貨船	22	0
醫院船	3	0
以上共計特種軍艦 469 艘，其中受傷者 77 艘，尚有完整者 392 艘。		

二、日本殘餘商船之數量

據美海軍部函件（亦係三十四年十一月二十六日），日本現餘商船可如下述：

種類	數目	噸數
1,000 噸以上	364	1,175,000
100 以上至 999 噸	1,750	500,000
以上共計日本現有商船（100 噸以上者）2,114 艘，計 167 萬 5 千噸。		

三、對於分配原則之意見

對於日本殘餘艦艇及商船之分配其原則雖經決定中、美、英、蘇各四分之一。但我國為對日作戰時間最久，受損最大之國家，似可要求下列權利：

1. 優先選擇權：據聞英、美、蘇三國前曾瓜分德潛艇三十艘，但蘇聯優先選十艘。此節如辦不到時，則

可要求。

2. 艦艇商船年齡較輕者，但戰時（一九四二年以後）完成者則不在內。

3. 受害最淺者。

4. 最適宜於我國之用者。

四、對於分配日正式軍艦之意見

按日本殘餘正式軍艦最多者為驅逐艦，計四十一艘（內受傷者十二艘），潛艇計五十八艘（內受傷者四艘）。據英美方面記載日本之驅逐艦可分為：（1）一千八百噸以上者係一九四○年以後所建。（2）一千四百噸至一千五百噸者係一九三四至三七年所建。（3）一千七百噸者係一九二八年至三二年所建。（4）七百噸至一千二百噸者係一九二一年左右所建，以上四種我國以能得（1）、（2）兩種為佳。

日本潛艇可分為：（1）二千噸以上者（I 101、I 1~24）多係一九三五年以後所建，（2）一千六百噸左右者（I 25~32、I 52~75）有為一九四○年所建，有為三四年，有為二五年所建。（3）六百至七百噸者（R100、R32、R60~68）多係一九三○年前所建。（4）小型潛艇約五十噸以上四種，以（2）種於我國最為適宜。

五、對於分配日本特務軍艦之意見

特務軍艦如佈雷艦、掃雷艦及護航艦、驅逐艦、砲艦、醫院船、供應艦、驅潛艇、運輸船等，對我國均屬有用。

六、對於分配日本商船之意見

查日本商船一千噸以上者，尚有三百餘艘。三千噸以上

至八千噸者，對我國均適用。至千噸以下者，則以四、五百噸左右為佳。

七、接收準備

查我國航業人才甚為缺乏，在此接收準備期間，似宜即行著手訓練適量人才，並儲備適量油料，以便接收後即可利用，以免接收後置而不用或須僱用外人也。

孫慎經簽呈

民國三十七年一月二日

案由：提前處置日本駐秘魯使領館財產案。

說明：（甲）中、美、英、蘇四國共同接收保管日本駐外使領館財產文卷一案，係於日本投降之初，由四國商定辦法交由盟總下令日本政府，通令駐外使領館遵辦。

商定之辦法如下：

一、駐中、美、英、蘇四國日本使領館財產文卷，由四國分別單獨接收自由處置。

二、駐其他同盟國日本使領館財產文卷，由原代管國瑞典或瑞士使館交由四國使館共同接收保管。惟該代管國仍應繼續其代管日僑，及日方利益之任務。

三、駐中立國之日本使領館財產文卷，由四國使館共同直接接收保管。管理日僑或日方利益之任務由瑞典或瑞士使館接替。

四、此項財產文卷之保管費用，由日本政府負擔，如屬可能，應由所在國之日本公款項下支付。

五、保管之文卷限於公文，領事館註冊簿及有關日僑之函件，其他戳印、旗幟、徽章、宣傳資料等應予銷

燬。各日本使領館人員之私有財產，除易於腐壞者
可予出售後保管其價款外，其他亦應扣留，照原狀
保管。

六、此項保管之財產文卷之最後處置，應經由國際協議
International Agreement 決定之。

（乙）本案兩年來辦理情形：

　　一、四國共同接收保管之日本使領館財產文卷，均
　　　　尚未作最後處置。

　　二、各日本使領館現金，均以四國名義專戶存放當
　　　　地銀行。

　　三、各日本使領館傢俱、汽車、圖書及其他動產，
　　　　大都拍賣，得款存入銀行。

　　四、各日本使領館房租，零星債務，接收保管費用
　　　　等，大都係由接收該館現金項下支付。

　　五、各日本使領館人員私人財物大都未予扣留。

　　六、瑞典代管日僑及日方利益費用，前經美方提
　　　　議，就日本駐瑞典使館接收現金項下撥給一
　　　　百萬古侖，中、英均表同意，蘇方反對，尚
　　　　無結果。

（丙）查日本駐外使館財產之處置在國際未成立一般協
議前，該駐秘魯使領館財產似不宜先予處置，但為顧慮
秘政府強行處置起見，有早日提前處置之必要，似亦無
不可，最好似可由我使館與美、英兩使館協商，採取一
致行動。若須瓜分，自以均分為原則。

（丁）駐秘瑞典使館擬將日使館現金一部分作代管日僑
及日方利益費用，不允交出一節，鑒於我前已同意美方

建議，此時，似可不必反對，但亦以與美英採一致行動
為宜。

擬辦

電復駐秘使館：日本駐秘使館財產應否提前處置以及瑞
典駐秘使館要求留用一部分日使領館現金應否予以同
意，可與美英使館協商採取一致行動，該項財產若由
三國分配，應以均分為原則。以上簽請鈞核。職孫慎
經謹簽。

（奉諭可暫由三國分別保管）

駐伯爾尼公使館來電

民國三十七年三月五日

第二四一號，五日。南京外交部。日本政府在瑞士被封
存現款八百九十七萬三千六百八十一佛郎三角五分，
曾由中、美、英、蘇四國駐瑞士使館照請瑞士政府解
放，交由四國共管。頃瑞士政府復允於該款中撥出
六百五十四萬六千九百八十八佛郎三角五分交由四國共
管，其餘二百四十二萬六千六百九十三佛郎，瑞士政府
已扣存，作為賠償遠東瑞士僑民因戰事所受損失之用，
以後如日本政府能另行撥付，瑞士政府當將所扣之款交
由四國接管等語。查款在瑞方，所扣係同樣作賠款之
用，我方頗難反對，除擬與其他三國使館商討一致步驟
外，謹先電聞，駐瑞士公使館。

中國接收敵產估計表

（一）本部各區	自由資產	侵略資產	總數
第一次賠償委員會估計（去年十一月）	127,785,307.54 美元	262,136,658.28 美元	389,921,975.80 美元
第二次賠償委員會估計（本年七月）	92,628,803.80 美元	242,332,594.17 美元	334,961,397.97 美元
英國估計			400,000,000 美元
白恩顧問估計			350,000,000 美元
（二）東北蘇軍搬去部份	設備	原料	總數
資委會估計	482,734,053 美元	792,167,771 美元	1,274,901,825 美元
鮑萊估計			2,000,000,000 美元
（三）臺灣省日本投資數	3,139,502,506.43 臺幣		計 914,380,104,872.50 美元
日本負債數	4,488,153,102.68 臺幣		計 1,307,174,591,248.75 美元
白恩顧問估計臺灣資產	340,000,000 美元		

（四）東北接收日產可抵充賠償者（我政府尚未接收者、軍用品、日人強購強徵者、利用偽組織財產者不計算在內），計九百七十八單位，共值一百三十四億八千四百萬日元，約合美金三十一億七千三百萬元（其中南滿鐵道株式會社未計算在內，約佔日人在東北資產三分之一）。（中央社瀋陽三十七年十一月三日瀋陽電，東北統一接收委員會負責人談。）

第三章
接收與交涉

第三章　接收與交涉

第一節　接收東北與中蘇交涉

一　初步商談

外交部致蘇聯駐華大使館節略

民國三十四年十一月一日

　　外交部茲向蘇維埃社會主義共和國聯邦駐華大使館致意並申述：查東北各省，日僑工礦事業機構及金融機關，亟待整理，以便早日恢復東北經濟常態，特請貴大使即行轉電蘇聯政府轉知東北蘇軍當局，儘速移交中國方面接收人員以接收上述各機構所需之一切便利。為此略達，請煩查照辦理見復為荷。

外交部致駐外各使領館電

民國三十四年十一月十七日

　　（駐外各使領館電）極機密。關於我接防東北困難經過情形如下：（一）蘇方派馬林諾夫斯基元帥為全權代表，與我東北行營主任熊式輝言明，蘇軍自東三省由十月下半月開始至十一月底，逐步全部撤退，蘇希我部隊逐步接收。（二）我方初定派第十三軍部隊由大連登陸，詎蘇方藉口大連係一商港，堅決反對在大連登陸，經迭次據理交涉，雙方意見迄未一致。（三）蘇方同意我軍在營口、葫蘆島、安東，三處登陸，並尤協助掩護。又稱，營口城區及錦州西南任何地帶，皆可為我軍集中地點。（四）馬元帥面告熊主任：十一月五日，

十八集團軍部隊已由錦州開入營口,蘇軍如用武力驅逐,恐延誤撤兵日期,故蘇軍由營口撤退。今後對我軍在營口登陸事,不能負責。又葫蘆島亦被十八集團軍佔領,蘇軍已經退出,並稱蘇軍自本月十日起,即由南向北撤退。至撤退後之地方情形,蘇方概不負責,亦不干涉。(五)嗣據報,十一月十二日長春市內已有共軍開入,並向行營示威。又有共軍約二千人向距長春廿華里之大屯機場附近集合。依照上述情形,蘇方態度,可總結為:(1)不同意我軍在大連登陸。(2)不負責移交我方指定之部隊接防。(3)對於我軍主張逐步接收,在蘇軍未退出以前,堅持我軍不入城,對於非政府指派之十八集團軍,則聽任其開入,蘇軍自行撤退。(4)蘇方原與我約定,在蘇軍自長春撤退前之三天至五天期內,我可空運若干憲兵及衛隊前往長春,今長春附近機場,既事先為共軍所佔,我若空運軍隊前往,將遭遇在營口及葫蘆島登陸之同樣阻障。以上情形,均經我方於十一月十五日扼要照會蘇方。茲據蘇大使十一月十七日照稱,我方仍可空運中央部隊在長春及瀋陽機場降落,蘇方並願予協助。現我方正擬與蘇方商訂今後接收東北之有效辦法,所有經過情形暫不擬由我方自行發佈,希參考並勿作任何評論。王世杰。西。

張嘉璈主任委員與蘇聯軍部經濟顧問斯拉特闊夫司基談話紀錄

民國三十四年十二月七日

在座者：斯顧問　拉姆扎意且夫　朱新民　耿匡

張：余本欲來奉訪，適閣下相約，故前來一談。關於蘇聯糧食出口公司、遠東國外運輸公司、蘇聯旅行社及國際書籍等四公司，擬在東北設立分公司立案一節，已代向經濟部備案。惟正式立案應請備正式公文，其公文程式余當派員予以協助。

斯：閣下擬派何人前來接洽？

張：改日由耿秘書前來接洽。

斯：甚善。

張：關於蘇方所提出之經濟合作方案，余赴重慶時向政府詳細報告，但其時空氣不佳，其原因有二：（一）東北行政機構接收事宜發生問題。（二）謠傳蘇聯已奪取東北工礦。故余與政府商談時，政府認為經濟合作在原則上為可能的，故上次曾與馬元帥談及此點。其時閣下亦在座，諒已聆到。余始終認為經濟合作，須出自雙方意願並合乎雙方之願望，否則此項合作之基礎恐不能堅固永久，故中蘇之經濟合作須使雙方輿論均認為公平，且使世界人士視此項合作於中國體面與利益並無損害。貴國上次所提出之方案，使中國政府及在野名流得一感覺，即如仍照日本重工業會社前例，將一切重工業之工廠包括於一個機構內，即無異日本帝國主義之故技，余個人見：我人應儘量避免不使一般輿論

認為此係與日本帝國主義之行大同小異。

斯：請舉例言之。

張：中國輿論始終不能明瞭，何以須將以前日人集中重工業於一處之辦法，仍予繼續。

斯：閣下將蘇方所提之方案與日本帝國主義之手段相提並論，余甚為驚訝。閣下須知日本在東北所辦工業純具反蘇作用，並非反對中國，完全為軍事需要而舉辦各項工業。

張：但煤礦為和平時代絕對需要之工業，又如肥料工業工場及電廠亦並無軍事關係。

斯：余著重於閣下平行看法之一點。余若以閣下之言報告政府，則非但蘇聯政府，即蘇聯輿論，均將認為莫大侮辱。

張：閣下認為侮辱，余亦無法，並深為惋惜。但余係實告中國輿論方面之反應情形。此之證明余誠意欲使雙方取得瞭解。

斯：平行之看法，余頗不贊同。以前日本所辦之工業，完全握於日人掌中，所謂滿方投資，僅係表面文章，豈能與蘇方所提之經濟合作方案相提並論？中國輿論十分龐雜，議論毫不一岐。但中國人士均悉東北之工業完全與軍事有關，且此項軍事工業並非對華，乃係反對蘇聯。

張：余之本意乃欲將中國方面之輿論與意見向閣下明告，余上次與馬元帥談話時，亦曾提及中國方面此類議論。

斯：從閣下與馬元帥之談話及以前各次談話中，余明瞭

中國政府已在原則上贊成經濟合作，余現願知其
細則。

張：余曾向馬元帥表示四項。

斯：余乃欲知詳細之內容。

張：余上次所談閣下既在座，諒必為閣下所深悉。閣
下須知中國人士之反響及心理，亦須予以顧及。前
次所談四項如下：（一）蘇聯在重工業會社所轄各
工廠內已派有蘇籍工程師者，該工程師可繼續留駐
各廠，且於必要時可再添聘。（二）在將來締結貨
物交換協定中，我方不特可將農產品供給蘇方，即
除我方自行需要者外，亦可將剩餘工礦產品供給蘇
聯。（三）將來我方倡辦新工業，如願與外國資本
合作，亦可儘量與蘇聯洽商。（四）現有之工礦事
業，如蘇聯對其有特別興趣願與中國合作者，請開
單指出，以便報告政府，予以考慮。余現將此點向
閣下複述一遍。

斯：閣下之意，是否提在工業合作問題雙方未得解決以
前，現已在蘇聯掌握中之各項工業，中國方面無意
參加？

張：蘇軍未撤退前，貴方人員可留廠代為維持。

斯：蘇方所提方案之基本理由，乃因蘇方認此類工業為
蘇方之戰利品，但蘇政府基於對華友誼關係向中國
政府作合辦之提議，其意即請華方加入已有蘇聯掌
握中之工業。

張：余在渝時，我方經濟專家曾表示意見謂，煤礦及
電廠決非軍需工業。且所謂戰利品問題，與賠償問

題有關。但賠償問題，非僅屬於兩國政府討論之範圍，且須在數國政府間提出討論。此外，對於我國人民之願望亦不能忽視。中國人士希望將來中國人能用自力辦理重工業，設於蘇方協助中國收回失地以後，如中國仍無自辦重工業之機會，將視為極大之失望。閣下毋以此為空談，須知數千萬東北人民自願發揮之勞力，將較十數工廠之生產力為大也。蘇聯之方案，僅注重現實，余則以遠大合作前途為目標。余願使雙方之出發點，取得相互之調和。

斯：余不能贊同閣下之論點：（一）貴方經濟專家謂煤電與軍事無關，余有證件可證明此類工業乃係適應軍需。（二）戰利品由各國共同參加討論一節，余亦不能贊成。須知此項戰利品既在紅軍手中，中國方面，惟有兩途可擇，一為設法合作，繼續經營。一為任使其被盡數破壞。中國方面日後自能明瞭，保留現有工廠，實為東北人民之利益。（三）工業一經恢復，民眾取得工作，則民眾間之惡感自可消泯。余不願作政治談判，此非余之權限。余感覺閣下所談，前後缺乏邏輯，因中國一面請求蘇方派聯絡員協助接收政治機構，一面又拒絕參加已在蘇軍手中之工廠。實際上經濟合作反更可幫助中國政治機構之鞏固，故經濟問題如能解決，政治問題亦隨而解決。余願向閣下實告，余對中國之立場，不能完全明瞭。

拉：請允許余表示意見，勝利品與賠償係兩個不同之問題。勝利品乃指所有現在或將來有助於戰事進行之

一切財產,其所有權屬諸拿獲之一方。

張:按我人之意見,戰利品僅指動產而言。

拉:並不限於動產,此次歐洲作戰已有先例。

斯:日方廠長已簽有書面證據,證明此類工廠為供應軍需而設。

張:以煤礦為例,有戰前已開辦者,亦有方行開採者,豈能一概視作日人軍需工業?

斯:盡人皆知,此兩、三年東北所有工業,悉為軍備而進行。以煤而論,僅將煤末供給民用,其餘悉供軍需。

張:煤一部份輸出境外,一部份亦供鐵路應用。

斯:撫順煤礦並未列入重工業會社之機構以內,且鐵路運輸幾全部供給軍用。

張:本溪湖煤礦本由中國創辦,其後被日人強佔。

斯:現在本溪湖煤礦之規模不能與以前相比,現在設備悉係日方所置。

張:余認為戰利品問題須歸兩國政府間談判解決。至余本人有兩點希望:(一)請將證件交余,作為參考資料。(二)請開列貴方認為最有興趣之工礦名單,以便轉呈政府考慮。此次提議,可作對於貴方原提案之修改答案。我願與蘇聯實行誠意合作。故余之意見業已顧及蘇聯之利益。同時希望閣下亦顧及中國人民之願望。我初次到東北時,東北人民告余,蘇軍將工廠機器拆運,余當時答以毋公然加以指責,因蘇方之行動或另有其理由,或出於仇恨日人而起,亦未可知。

斯：余極信閣下之誠意，故蘇方上次之提議亦基於友誼
　　精神而發。

張：閣下須顧及兩國國情之殊異，中國人民對土地最為
　　重視，故對礦產深為愛惜。且中國現無重工業，而
　　蘇聯已備極大之重工業，請對此重加考慮。

斯：此事本須依雙方之意願始能予以解決。但實際上，
　　中國方面應明瞭中國須賴蘇方幫助，始能恢復東北
　　之重工業。蘇聯爰對日本及日本之同盟德國作戰，
　　損失極大，故須予以補償。如從此點觀察，愈可明
　　瞭蘇方此舉之善意。蘇方現願將其所得之一半給與
　　中國，實係基於對華友誼之精神。

張：無論何國人民均欲得獨立經營其工業之機會，此層
　　須請予以重視。

斯：綜據上述各節，余明瞭華方暫無意參加共營蘇方所
　　掌握工業。

張：根本問題，即承認戰利品之問題，既尚未取得解
　　決，故不能談到參加與否之問題。但蘇軍未撤退
　　前，可准貴方工程人員繼續留廠代為照料，即已解
　　決問題之一半。

斯：但撤退後又如何？

張：余所欲討論者即此點也。

斯：余始終不明瞭閣下之觀點。

張：閣下不明瞭，因閣下對於根本之點抱不同之見解。

斯：如此蘇方當自行管理工廠。

張：余今日談話之目的，即欲使閣下明瞭余所表示之觀
　　點之來源。

斯：蘇方所提者為具體方案，故須得貴國具體之答復。

張：因戰利品之定義具有不同看法，故暫不能有具體之答復。

斯：余明瞭在問題未解決以前，現在之狀況，應予繼續。我方認為此類工業係屬蘇聯之戰利品，亦即蘇聯之所有物。照提議合辦一層，完全出於友誼精神。

張：將戰利品與經濟合作放在一處，其意味不佳。

斯：事後可不再提及戰利品之名稱，而即視作合作品。

張：最好貴方將方式予以修改，或可使雙方接近。

斯：余再重複一遍，蘇方已提出具體方案，故須由華方作具體之答復。閣下與馬元帥談話時表示，具體談判須俟蘇軍撤退後完成。余認為此層並無根據。

張：余不願使人民取得印象：關於經濟合作之協定，係在蘇聯武力高壓下成立。

斯：問題乃在於現在可先得具體結論，俟蘇軍撤退後，再行公布。

張：余並不反對暫時仍可交換意見，但希望閣下將允予供給之資料早日賜下，以備參考。

斯：余願先知中國政府已於原則上贊成經濟合作，至協定之締結，可在蘇軍撤退以前商妥。至宣布一層，可予展緩，不使外間先行獲悉。

張：余當將尊意轉陳政府。

斯：余日內即將工廠名單與軍事有關證據送交閣下。

張：尚有數語當順便談講：東北汽車與飛機製造工業，規模極小，如何亦要開入名單內，因此與蘇方並無

出入，而於中國人民心理上將獲得好感。

斯：余當慎重考慮及之。

張：個人意見，一部份工廠可移歸中國獨辦，一部份由
中蘇合辦。至戰利品問題，目前暫不牽涉，或易入
於接近之途。此為余之苦心，欲誠意促成此兩國之
合作。

斯：以前雙方交換意見極為接近，閣下與余談話時亦屢
次表示贊成雙方合作之意，適蘇聯政府對此問題所
表示之意見，與我人商談者相適合。故蘇方正式提
出方案，為從速順利解決此問題起見，務請華方即
作具體答復。

張：余當轉陳政府，但同時亦請閣下考慮余所述之意
見。上次余送與閣下之東北工業表冊，閣下可發現
日本所辦會社，實際上其資金大部均屬偽滿供給。

斯：自法律觀點上言之並不盡然，所謂滿洲資本僅為煙
幕作用，此間大部份之工業概屬三井、安田等公司
所倡辦。至機器製造工業，完全係自日遷至東北。

張：余送與閣下之表冊，係余費去三星期日夜工作之結
晶，請閣下予以仔細研究，以明真相。

斯：余將開列之證據，可於日內送與閣下。為便利造成
此項文件起見，余不擬以工廠為單位，而以公司為
單位。

張：尚須補充一點，電氣工業應歸各市政府辦理。

斯：小電廠數處確係應市民需要而設，但吉林與鴨綠兩
水力電廠，並非地方性質。

張：一俟閣下將材料送來，余即轉達政府。在未得政府

答復以前，如余等有何意見，亦可隨後交換。

瀋陽熊式輝主任來電

民國三十六年三月二十六日

南京外交部王部長雪艇兄。據報：（甲）寅灰蘇方駐瀋領館籌備人員，在遼金召集遠東銀行、秋林洋行，及中長路人員，報告對華外交方針：（一）分化中美關係，使中國孤立。（二）加強支援中共發展東北根據地基礎，獲取中長路一部護路權，及在沿線都市駐兵護僑。至於蘇方內政，則加強統制權，秘密負責，積極訓練復員官兵，以糾正在國外所染不正思想。（乙）蘇軍近由滿洲里運往牡丹江鐵甲車三十餘輛，均由蘇方人駕駛，即行開往前線。弟熊式輝寅寢申情（一）操。

二　中國照會蘇俄切實保護接收人員及公私財產

外交部致蘇聯駐華大使館備忘錄

民國三十五年三月十九日

中國政府根據所得報告，在長春哈爾濱及其他蘇軍未撤退地區，均有大批非法武裝部隊集結，以致在各該地區之中國政府接收人員之安全，感受威脅，特請蘇聯大使館轉達藍聯政府電飭東北蘇軍總司令部，對於東北長春、哈爾濱及其他蘇軍未撤退各地區之中國政府接收人員，切實予以保護，以免發生意外為荷。

王世杰部長致蘇聯大使彼得羅夫照會

民國三十五年三月二十一日

逕啟者：關於中國政府請蘇聯政府將駐留中國東北之蘇軍撤退，並將撤退詳情見復一事，本人曾於本年三月六日照會閣下，但迄未接到復示。中國政府近接報告，蘇軍自東北某地區撤退時，事前並未通知我方。以致我預定擔任接防之軍事人員，遂感受重大困難。非法武裝部隊，因得乘機騷擾，破壞地方之秩序與交通。中國政府特請蘇聯政府本中蘇友好同盟條約之精神，電令東北蘇軍司令部，於蘇軍自每一地區撤退時，將日期預先通知我駐在蘇軍總部之軍事代表團，並於撤退之時，對中國接防軍隊予以便利與協助，俾獲維持秩序與交通，及保護我在長春、哈爾濱及其他蘇軍尚未撤退地區接收人員之安全。為此照請閣下轉電蘇聯政府，並請惠予迅復為荷。本部長順向貴大使重表崇高之敬意。

此致蘇聯駐華特命全權大使彼得羅夫閣下。

外交部長　王世杰

中華民國三十五年三月二十一日於重慶

三　蘇軍拆運東北工礦設備

海參威張大田來電

民國三十五年三月十八日

第一四五號。十八日。重慶外交部部、次長鈞鑒：第一一三號電奉悉。東北搬走機器及大批日俘，運經威埠者，確屬甚多，碼頭上堆積工廠裝備，箱皮上有書經由大連字樣者，足證係東北運來。至日俘在此作苦工者，

有紅軍看管，百十名在街頭上隨時可遇，現在仍係此種
情形。由此再運往何處，無從探悉。惟轉運至蘇聯內地
則在情理之中。張大田叩。

附註：亞西司 113 號去電——希密查（一）蘇聯將自東
北運走之機器移裝於西伯利亞一帶。（二）將大批日俘
運往西伯利亞。機要室註。

伯利陸豐來電

民國三十五年三月十九日

第六八九號。十九日。重慶外交部部、次長鈞鑒：西
四三號電奉悉，頃據華僑密報，在未限制入口前，曾有
大批機器運到伯，在市郊起卸，去向不明。南來火車，
偶亦發現有廣大木箱運過伯北，似運往 Комсомольск
（編註：Komsomolsk），至其他各地，本地因非東省
鐵道轉運地點，無法探查。在去年十月中旬本館張僱員
來伯時，在 KRASNOYARSK 站，見有大批日俘西運，
本市現有日俘約一千名。又據報蘇聯久有將遠東造成獨
立作戰單位計劃，故三次五年計劃，積極建設西比利亞
工業，此次第四次五年計劃，尤為積極，將東北機器
及日俘協助西比利亞工業建設，自在意中。謹聞。職
陸豐。

附註：亞西司四三號去電——仰密查蘇聯運走東北機械
及日俘，並電部由。機要室註。

新西比利亞徐德光來電

民國三十五年三月二十日

第四七號,二十日。重慶外交部。西十五日電奉悉:
(一)蘇聯自東北運走之機器,皆分配在西比利亞各
地,運來新西比利亞者,有電氣設備等。(二)本館轄
區之 Тайга(編註:Tayga)及 PHAYA(編註:原件無
法辨別)一帶並有日俘。徐德光叩。
附註:亞西司十五日去電——仰察查蘇聯運走東北璣械
及日俘事,並電部由。機要室註。

布拉哥李世達來電

民國三十五年三月二十日

第四四八號,二十日。重慶外交部部次長鈞鑒:西字第
九三號電敬悉。謹呈復如下:(一)自去年日本投降
後,凡我東北可供利用之物,上自食糧下至蘆蓆及日人
所印就而未使用之收發文等簿冊表格,均由蘇方運來。
去年十一月黑龍江堅冰後,在廿四、廿五兩天,有大批
美國汽車滿載物資由我東北開入本城,因車上有布棚,
而蘇方監視本館員役行動極嚴,內裝何物,迄未能明
瞭,就當時情形推測,似係東北之機器。(二)東北日
俘先後由本城開入蘇境者至少在十萬人以上,其中並有
少數中國人。聞一部分早已分配於礦山、工廠、農林運
輸、建築及修築道路等各部門,其食糧係彼等由東北帶
來之雜糧,但由蘇方統制,每人日給八百公分,不作工
或病不能作工者,日給四百公分,現在本城內遇見者,
均已容黑形類。並聞因嚴寒疾病而死者極多。窺蘇人之

意，日俘在短期內不致運回日本。職李世達印。

附註：亞西司九三號去電——仰密查蘇聯運走東北機械及日俘，並報部由。機要室註。

赤塔領事館來電

民國三十五年三月二十五日

第二六八號，廿四日。重慶外交部。西二號電奉悉。日本投降後經赤西駛火車頻繁，大部分載有巨型箱件，用雨布掩蓋，似係機器拆裝，惟運往何處，及有無大批日俘遣送西部，因本館人員嚴受監視，實難探悉。除仍密查，得有確息隨時電呈外，謹聞。駐赤塔領事館。

附註：亞西司二號去電——仰密查電部蘇聯運走東北機器及日俘事。機要室註

摘錄調查蘇聯運走東北機械及日俘有關資料表

資料來源	發電日期	內容摘要	附註
駐海參崴總領事張大田電	三十五年三月十八日	東北搬走機器及日俘運經崴埠者甚多，碼頭上堆積工廠裝備，箱皮上有書經由大連字樣者。日俘在此作苦工，有紅軍看管，百十名在街頭隨時可遇。	
駐伯利總領事陸豐電	三月十九日	曾有大批機器輪運到伯。南來火車，偶亦發現有大木箱過伯北運，似運往Komsomolsk在Krasnoyarsk見有大批日俘西運，本市有日俘千餘名。據報蘇積極建設西比利亞工業，將東北機器及日俘，協助西比利亞工業建設，自在意中。	

資料來源	發電日期	內容摘要	附註
駐新西比利亞領事徐德光電	三月二十日	蘇聯自東北運走之機器，皆分配在西比利亞各地，運來新西比利亞者，有電氣設備等，本館轄區之Тайга 及Phaysi一帶並有日俘	
駐布拉哥領事李世達電	三月二十日	凡東北可供利用之物由食糧以至蘆蓆，均由蘇方運來。卅四年十一月二十四及二十五兩天，有大批美國汽車滿載物資由東北開入，似係東北機器。東北日俘先後由本城開入蘇境者至少在十萬人以上，其中並有少數中國人。日俘一部分已分配於礦山、工廠、農林、運輸、建築等部門工作。	
駐赤塔領事館電	三月二十五日	日本投降後經赤西駛火車頻繁，大部份載有巨型箱件，似係機器拆裝。	

四 英美兩國對蘇軍拆運東北工礦設備的態度

華盛頓魏道明大使來電

民國三十五年三月六日

第六一八號。六日。特急。重慶外交部。關於東北問題，昨晚美外長再致文蘇政府，內容如下：（1）二月九日致文迄未准復，但據中國復文，蘇政府認日本在東北曾供應日軍之企業為蘇軍戰利品，美政府對此見解不能同意。（2）日本所有在外之資產，應屬賠償範圍，並應由各戰勝國共同解決。（3）如蘇聯及中國政府將訂立協定，帶有獨佔性質，不予別國以參加機會，則美政府即將認為與門戶開放原則相抵觸，不能承認。又今晨美外部已收到蘇聯復文要點有二：（一）日本在滿

洲曾供應日軍之企業，應認為蘇軍戰利品。（二）日本在滿洲之一部份產業，已交中國當局接收，其他部份，蘇政府曾向中國政府提議，由兩國共同經營，謹聞。魏道明。

英國駐華大使館備忘錄譯文

民國三十五年三月十一日

陛下駐莫斯科代辦奉陛下外交大臣之訓令，將下開各節於三月九日通知蘇聯外交部長莫洛托夫先生：「聯合王國政府據報，謂蘇聯軍隊從瀋陽及其他地方之工廠中，將日本人所有之機器及裝備運離滿洲，陛下在聯合王國之政府因此種消息深感不安。

此類消息迫使陛下政府保留其一切權利，並宣佈其意見，認為處置日本之財產，乃所有對日本要求賠償之盟國間所應商討及解決之事務。

在未經如是之商討以獲得協議以前，陛下政府認為佔領此類工業設備所在地之國家，應將此類財產暫為監守，以待撥給該國在日軍賠償中所實際應得之部分。陛下政府對於第三者擅自運走此類財產不能同意，對於各別政府間為處置日本財產、權利及利益及其所有權而締結之一切協定，亦不能承認。此項照會之抄本並送達中國政府。」

貝文先生對於外交部長閣下給予陛下駐華大使館之情報，表示謝忱，並向王世杰博士聲明，陛下政府對於滿洲情勢之發展不斷密切注意。貝文先生對於慨允將此案之情形，隨時通知陛下政府，亦表謝悃。

重慶英國大使館　一九四六、三、十一

三月六日英國議會議事錄節錄

民國三十五年三月六日

臺維斯先生質問外交大臣謂：除中國政府之外，其他政
府根據英國政府所參加簽訂之何種條約或協定，或根據
何種權利，得將工廠及機器運離中國領土？

貝文先生：我不知有規定任何此種權利之任何條約或
協定。現在所指或許是日本所有的工廠和機器。對於
此問題，英國政府認為處置日本財產，應由凡對日本
要求賠償之盟國共同商討及解決，關於此事未得協定
之前，英國政府認為此類財產所在之國家，應將其暫
行監守。

五　中國政府派兵海運大連接防東北

外交部致蘇聯駐華大使館照會

民國三十四年十月一日

逕啟者：查中國方面之第十三軍部隊，現已定於本月十
日前後，自九龍乘美國船隻，由海道前往大連登陸。為
此照會貴大使，請煩查照，轉電蘇聯政府，令飭該區蘇
聯部隊司令官知照為荷。本政務次長代理部務順向貴大
使重表敬意。

此致蘇維埃社會主義共和國聯邦駐中華民國特命全權大
使彼得洛夫閣下

外交部甘乃光次長覆軍令部代電

民國三十四年十月一日

軍令部徐部長勛鑒：令一亨簽字第四六〇號代電敬悉。關於第十三軍海運大連，通知蘇方事，業經本部照會蘇聯駐華大使館，並電駐蘇傅大使洽告蘇方矣。除交涉此後接收事宜之步驟與辦法，候會商決定，再向蘇方續行提出外，特先電覆，希即查照為荷。甘乃光。東。

外交部致莫斯科傅秉常大使電

民國三十四年十月一日

急。莫斯科傅大使。本部頃照會蘇聯大使館，內容為：「查中國方面之第十三軍部隊，視已定於本月十日前後，自九龍乘美國船隻，由還道前往大連登陸。請轉電蘇聯政府，令飭該區蘇聯部隊知照」等語，希併洽告蘇外部，並電部。甘乃光。

六　蘇俄撤軍之交涉

蘇聯大使彼得羅夫面致宋子文院長照會

民國三十四十月一日

關於蘇聯軍隊自東三省撤退事，蘇聯政府向中國政府申述如下：

一、蘇聯統帥部業已開始將蘇聯軍隊自東三省部份撤退。

二、蘇軍主力將於本年十月下半月自東三省開始撤退，以便於本年十一月底撤退完畢。

三、蘇聯政府已派馬林諾夫斯基元帥為全權代表，進行關於蘇軍自東三省撤退問題之談判。

馬林諾夫斯基元帥預備於本年十月十日至十五日，
與中國統帥部關於該項問題所適當派定之全權代表
等在長春晤會。

熊式輝主任到長春後與蘇方代表談話經過

民國三十四年十月十二日

馬林諾夫斯基意見及對我方所提問題之答覆分述於下：

一、關於蘇軍撤退問題：馬氏稱蘇軍現在已開始撤退，
並決定於十一月底撤退完畢，其步驟為自南向北，
預計至十一月二十日，撤至瀋陽線，十一月二十五
日，撤至哈爾濱線，十二月一日以前，全部撤回蘇
聯國境，希望我國接防部隊，能隨蘇軍之後撤，逐
步向北接收。

二、關於我方接收部隊登陸地點問題：中國軍隊在大連
登陸一節，馬氏稱彼無權答復，不過對於在營口、
葫蘆島、安東三處港口登陸，彼表示不反對，蘇方
並可派一部份車輛，協助我接收部隊之運輸，同時
允許我方先派人員至上述三處視察港口設備。

三、關於行政機關接收問題：馬氏稱：蘇方本來無意破
壞偽滿之行政機構，惟事實上有部份偽滿人員，業
已逃避，有部份人員，則有不利於蘇方之行動，故
有少數更動，如熱河、遼寧二省府之主席，係由蘇
方派出者，至於我中央行政人員如何接收現有行政
機構之具體辦法，俟向其總司令部請示後，再行
作答。

四、關於空運事宜：馬氏稱，我方空軍可在長春設站，

並於通知當地軍事機關後，即可隨時來往飛行。

五、馬氏指出，現在東三省發現中國秘密組織，從事破壞蘇軍運輸線及其他軍事設備之舉動，要求我方注意並設法阻止，否則蘇方將採取嚴厲處置，其主動者為誰，蘇方已知悉也。

六、關於蘇方供給輪船飛機運送我接收部隊問題：馬氏稱，根據中蘇條約之互助精神，彼個人對於原則表示同意，最好由我政府向蘇政府正式提出。

七、關於接收偽滿銀行問題：馬氏表示同意，但須請示上方辦理，至現在蘇軍所查封之偽滿鈔票，我方需要若干，彼請示上方後，可以照撥。

蘇聯大使彼得羅夫致甘乃光次長照會

民國三十四年十月十五日

逕啟者：十月六日晤談時，閣下曾表示欲對於閣下十月一日關於中國軍隊運往大連之照會，得一書面答覆。茲特將本大使關於該項照會向閣下之口頭答復，以書面重申於下：查大連港根據中蘇條約，係一商港，為運輸貨物，而非運輸軍隊之地，無論誰的軍隊在大連登陸，均係破壞中蘇條約，故蘇聯政府堅決反對。本大使順向閣下重申崇高之敬意。此致中華民國外交部次長甘乃光先生閣下

彼得洛夫　重慶　一九四五、十、十五

外交部王世杰部長接見蘇聯大使彼得羅夫關於中國政府派兵由大連登陸到東北事談話紀要

民國三十四年十月九日

王部長：關於中國政府派軍隊由大連登陸到東北事，貴國政府認為係違反中蘇條約，表示反對。對於此事本人茲向貴大使聲明如下：

（一）中國政府對條約所規定之義務，必完全履行。大連為商港，故對於蘇聯貨物，免除過境稅，又港口主任用蘇籍人員充任，碼頭一部份設備租予蘇方使用，此為中國在條約中所承認之義務，中國政府一定履行。但大連主權屬於中國，亦為條約所明定，除經條約明定之義務外，中國政府自不受其他限制。因此中國政府對於派兵由大連登陸到東三省，決不能認為係違反中蘇條約。

（二）中國政府派軍隊到東北的目的，係接防，換言之，即係對於所接收之地區維持治安及鎮壓敵人可能的反動，此等任務現由蘇軍擔任，蘇軍撤退，自應由中國軍隊負擔。

以上二項希望貴大使確實報告貴國政府，並向貴國政府解釋。

國民政府主席蔣中正接見蘇聯大使彼得羅夫談話紀要

民國三十四年十月十八日

主席：大使最近接到莫斯科來電否？

大使：值得主席注意的電報，還沒有收到。

主席：關於倫敦五國外長會議之僵局，本人曾於本月
　　　十四日致電史達林元帥，希望設法打開。現本
　　　人有二項建議，期於此種僵局之打開，有所裨
　　　益。即：

　　　（一）第二次外長會議，在莫斯科召開。

　　　（二）對義大利及巴爾幹各國和約問題，同意美
　　　國關於召開歐洲和平會議之建議。

　　　以上兩項建議，本人尚未向美、英方面提出。茲
　　　首先向蘇方提出商討，如蘇方同意，本人將再向
　　　美、英方面提出。如蘇方不同意，本人將不向
　　　美、英方面提出。

　　　關於此兩項建議之詳細情形，請與外交部王部長
　　　接洽談。

大使：謝謝主席。本人當即報告蘇聯政府，同時本人
　　　當向主席陳明，即蘇聯政府決不能同意修改柏林
　　　會議決議之企圖，且蘇聯對於外長會議僵局之打
　　　開，亦曾努力。如莫洛託夫外長離開倫敦之前
　　　夕，曾建議將會議商談已獲解決之各點，作一紀
　　　錄。然後再就未得解決之各問題，繼續商討。但
　　　此項建議，未獲通過，以致會議無結果而散。

主席：此次會議無結果而散，誠為遺憾。其次，關於遠
　　　東顧問委員會之設立，中蘇均已同意，本人希望
　　　蘇聯參加會議，蘇聯參加會議，可以緩和目前的
　　　空氣。

大使：在美國提出設立遠東顧問委員會建議之前，蘇聯

曾建議設立一共同管制日本之機構。蘇方建議，
當時未得通過。但蘇方亦未反對遠東顧問委員會
之設立。

主席：本人對共同管制日本一事，亦表同意，但須蘇聯
先參加遠東顧問委員會會議，在會議中，中蘇兩
國可預先商議，共同提出意見。

大使：本人對主席此項表示，甚感愉快，且很感激，當
即報告政府。

主席：熊主任已與馬林諾夫斯基元帥會談，承熱烈招
待，本人很感激。熊主任與馬林諾夫斯基元帥之
談話，有兩點，想順便向大使一提：

（一）關於中國軍隊在大連登陸事，馬林諾夫斯
基元帥謂：須請示政府後方能答覆。

（二）關於借用蘇聯船隻運送我國部隊至東北問
題，馬林諾夫斯基元帥謂：根據中蘇友好同盟條
約之精神，彼原則上同意，惟須向貴國政府正
式提出洽商。本人甚盼蘇聯能借予若干船隻，
以便運送軍隊至東北，如蒙貴國政府應允，不
勝感激。

關於我國軍隊在大連登陸事，請報告史達林元
帥，以貴我兩國今日之友誼關係，希望不談法
律，而根據實際需要解決。大連港較大，設備較
完備，運輸較迅速，故我國軍隊在大連登陸，實
際較為便利，希望史達林元帥就實際需要著眼，
給我們回答。

大使：好。本人當即報告政府。

國民政府主席蔣中正接見蘇聯大使彼得羅夫談話紀要

民國三十四年十月二十三日

下午七時於曾家岩官邸

大使：關於主席上次談話中所提大連問題，現獲蘇聯政
　　　府答覆，依照中蘇條約大連係商港，蘇聯政府不
　　　能同意軍隊在大連登陸。中蘇條約之實施，不能
　　　以破壞該條約開始。史大林元帥對於蘇聯政府此
　　　種看法，完全同意。

主席：上次談話時，本人曾謂，關於此事不談法律，根
　　　據中蘇同盟關係之精神及感情，蘇聯即能予我
　　　幫助。我軍在大連登陸，應該沒有問題。至於
　　　談到條約根據，大連為我國領土，主權屬我，
　　　為條約所保障。如果我軍不能在大連登陸，反
　　　為破壞條約。
　　　所以希望大使再電陳史大林元帥，說我個人請他
　　　根據友誼關係，予我回答。事實上，如我軍不能
　　　在大連登陸，即將無法開赴東北。
　　　上次所談借用蘇聯船隻事，不知回電中提到否？

大使：沒有。

主席：希望大使再併案電詢。上次所談，關於倫敦五國
　　　外長會議打開僵局辦法及希望蘇聯參加遠東顧問
　　　委員會事，有回電否？

大使：尚無回電。蘇聯政府現在的意見，仍望於遠東顧
　　　問委員會成立以前解決，共同管制日本問題。主
　　　席上次關於五國外長會議之意見，及王部長對此

問題面交之節略，均已詳細電陳蘇聯政府。

主席：希望大使再電政府請示，本人極願知道蘇方意見。

大使：好。當即報告蘇聯政府。不過本人對於主席所提
　　　第一項問題，願說明兩句話，即中國在東三省主
　　　權及領土完整，蘇方毫無疑問。惟關於旅順大連
　　　之條約，對於中蘇雙方賦予若干義務，蘇方對於
　　　此項義務，極其重視。

主席：我們現在不討論條約法律，可否請煩大使再電報
　　　史大林，說我個人請他根據友誼關係，予我回答

大使：當即遵照報告。如得回電，即報告主席。

王世杰部長與蘇聯大使彼得羅夫談話記錄

民國三十四年十月二十五日

（一）關於中國政府派兵赴東三省由大連登陸事，中蘇
　　　雙方意見既尚未能一致，自須繼續商討。本部現
　　　已與我軍事機關商定，在中蘇意見未趨一致前，
　　　我軍暫不自大連登陸。

（二）現我軍事機關決定，依照熊主任式輝與馬林諾夫
　　　斯基元帥接洽之結果，派船運輸軍隊至營口及葫
　　　蘆島。並定自本月二十九日起該項軍隊陸續由各
　　　該地登陸。並定自十月二十九日起派飛機在登陸
　　　附近一帶察看，因中國缺乏運輸工具，故所用運
　　　輸船舶及偵察飛機係借自盟邦美國。惟登陸軍隊
　　　則純為中國軍隊，請貴大使將我方決定轉達貴國
　　　政府及馬林諾夫斯基元帥，並請其通知貴國在各
　　　該地軍隊，藉免誤會，並予我登陸軍隊以協助。

我們在此一個月中,不是友好精神究係何種精神之表現?應請明告,以便報告莫斯科。職慮交涉決裂,乃轉語氣云:中蘇友好精神之表現,要在依照協定,順利撤兵,順利接收。今軍事、政治兩面事實上未臻圓滿地步,應請貴方負責協助,以免延誤接收。基於以上談話,參考各地情形,可以推知蘇方用意:一、表面依照協定,讓我空手接收行政,以應付國際視聽。二、不願我軍事力量進入東北,鞏固政權。故利用八路軍名義,阻礙我軍前進,一面普遍扶植各地八路軍為有力之牽制,三、蘇軍撤退我軍不能達到時,有三可能:(1)行政交與八路軍傀儡。(2)扶植各種勢力,使我政權有名無實。(3)造成各種變亂,使我政權接收而不能保持,行政人員不能立足。四、當國軍出關或登陸與八路軍衝突時,各地發生事變,藉口維持治安,或留一部份軍隊不撤出而調停。為欲挽救目前惡劣情勢,因此建議:一、我政府應由外交部向蘇方正式聲明,(1)蘇方以營口、葫蘆島讓與非國民政府軍隊佔領,實違反中蘇友好條約之原則與精神,其於戌世以前,在蘇方佔領區域內任何地區,蘇方不能以少數部隊被迫退出為卸除可能將地方交與政府軍隊負安全責任之理由。(2)行營到達長春,蘇軍對日作戰直接軍事行動業已終了,為期一月,而依照協定,應行接管之行政、經濟、交通各機關與事業,概不交還,似為缺乏友好誠意。(3)蘇方對我方加以種種指摘與牽制,而對八路軍四處縱容,其逼走營口、葫蘆島兩地之部隊,不能不使我對蘇方有故意放縱之推測。(4)為中蘇永久友好計,應請蘇方

對於東北措施，重新考慮，加以改善。二、擬請鈞座逕
電史達林元帥，告以東北現狀，有不能貫澈中蘇友好條
約精神之顧慮，請其主持改善。當否？乞裁奪。職熊式
輝。戌魚申印。

蔣經國特派員呈蔣中正委員長電

民國三十四年十一月十二日

限四小時到渝。委員長蔣。今日情況之變化如下：
（一）長春咨議會決定成立自治政府，並向行營示威，
要求表示態度。（二）裝備完整之八路軍二千人，今日
闖入長春市內。（三）離長春廿華里大屯飛機場方面集
中八路軍二千人。（四）有傷兵一批由山海關運至瀋
陽。（五）瀋陽共軍已準備作戰。（六）蘇方催我方速
接收長春電話電報，是否有其他用意，正與公權先生商
量中。由今日情況觀察，即我空運部隊能到長春，亦定
將立即與八路軍作武裝衝突，公權先生認為東北問題，
已至作最後決定之時，職意則總有不到黃河不死之感。
以上各項謹呈參考。完。經國謹奉，戌文戌印。

熊式輝主任呈蔣中正委員長電

民國三十四年十一月十二日

即刻到渝。委員長蔣。戌支蘇軍派政治顧問正式約蔣特
派員談話，大要如下：（一）蘇方前查封國民黨黨部，
搜得地圖及文件，知其所領導之地下軍有十師，武裝人
員在十萬以上，此皆破壞交通，襲擊蘇軍之武力。現在
國民黨部既歸行營指揮，蘇方警告行營，不能組織地方

部隊。（二）營口現在有一大部第十八路軍，新從錦州
來到，蘇軍不能反對之。因為蘇軍如用武力驅逐，則恐
延誤撤兵日期，違反協定，故蘇軍不能辦云云。以上二
事，當由經國面駁後，影響如何，尚難判斷。職等研
究，查所稱我黨部領導之地下軍武裝十餘萬，為反蘇武
力，全然不是事實。而係一種藉口，行營早已向其聲
明，在未得蘇方同意以前，決不派員赴各地收編者。今
復張大其詞，用意不外防止行營收編地方部隊，便利他
方面著手吸收。又彼聲言營口新來第十八路部隊事，顯
係見我部隊尚未登陸，捏造事端，阻我登陸。職擬於日
內再向馬寧諾夫元帥提出質問，一面仍請在重慶向彼得
羅夫大使提出抗議，何以對我政府方面種種為難，而對
八路軍方面故意放縱。再營口、葫蘆島我軍登陸，若再
延遲，將來變化，更難逆料。如何？尚祈核示。職熊式
輝。戌支亥印。

王世杰部長接見蘇聯大使彼得羅夫談話紀要

民國三十四年十一月十三日

關於中國政府接收東北事項，尤其最近情形，本人今日
約請貴大使來說明一下：

一、東三省現有甚多投降之日本軍隊及偽滿軍警，且
　　地區遼濶，故中國政府派員接收東三省，不能不同
　　時派若干軍隊前往維持治安。關於我方派軍隊至東
　　三省之困難情形，本人曾於十月二十五日以書面談
　　話紀錄交貴大使，並於本月五日派卜司長到貴大使
　　館，關於我軍在營口登陸事，將我方困難及希望，

面報貴大使。此係過去情形，今日不再詳談。

二、據十月二十五日以後之報告，中共軍已佔領營口，蘇軍自營口撤退，故在營口登陸事，已不便實行。

三、據最近熊主任報告，十一月十二日長春郊外之大屯飛機場，有中共軍隊數千人集中。長春市內亦有共軍約二千人開入，長春城內有向行營示威之舉動發生。

以上情形，使中國政府派兵入東三省接防發生重大阻障，今後如何辦理，我政府正在考慮中。如有所決定，當隨時通知貴大使。

蘇大使表示：一、貴部長所告最近事實，本人尚不知悉。不過本人知道，馬林諾夫斯基元帥曾經應允協助中國軍隊在營口登陸。二、蘇軍正在從東三省不斷撤退，對於已經撤退之地區，蘇軍不負責任。三、蘇軍從長春或其他大城市撤退前三、五天之期間內，中國方面可空運衛隊及憲兵至各該城市。關於此點，係熊主任與馬元帥約定，貴部知道否？

部長答：本人知道。但長春附近機場，已有共軍集中，恐我軍空運前往，將遭遇與營口及葫蘆島登陸之同樣阻障。且我運輸機數有限，三、四天期間內，亦不能運多數軍隊前往。

外交部致蘇聯駐華大使館照會

民國三十四年十一月十五日

逕啟者：中國政府鑒於現在東三省尚有甚多之日本投降之軍隊及偽滿軍警，需待處置，地方秩序，必須維持，

故擬於派員接收東三省時，隨派軍隊若干前往。茲因運兵至東三省事，遭遇諸種阻障，其詳情有如本部長於十一月十三日面告貴大使者，以致東北行營及其隨行赴東北接收各項行政之人員，不能達成其任務，故中國政府決定：

一、東北行營職員及偕行營赴東北接收各項之人員全體四百餘人，現留長春遷移至山海關。

二、遷移時間決定為本月十七日至二十三日，每日將用運輸飛機一架至六架往長春接運。

三、我政府依照中蘇協定，指定行營副參謀長董彥平中將為軍事代表，帶同助理人員數名留在馬寧諾夫斯基元帥之總司令部所在地，隨同進止，以資聯繫。

以上各節，特照請貴大使查照，並請轉電蘇聯政府，並轉達馬林諾夫斯基元帥為荷。

本部長順向貴大使表示崇高之敬意。

此致蘇維埃社會主義共和國聯邦駐華特命全權大使　彼得羅夫　閣下

外交部致蘇聯駐華大使館照會

民國三十四年十一月十九日

逕啟者：接准貴大使本年十一月十七日照會，略以長春飛機場現能為中國政府軍隊使用，中國政府軍隊能無阻礙的在長春及瀋陽降落，且蘇軍司令部對於中國政府將予應有之協助。又蘇軍司令部對於東三省之中國共產黨部隊未曾予以任何幫助，且現在亦未予以任何幫助，至於在蘇軍撤退之某些區域內有中國共產黨份子活動一

節，非由於東三省蘇軍司令部所致，而係中國政府政權大概尚未控制此些區域內情形之結果。最後，倘中國政府現在希望蘇軍自東三省撤退延緩若干時間，則蘇聯政府能將其軍隊之撤退延緩一個月至兩個月等由。本部長對於貴大使在上述照會中所表現之友好精神，殊感欣慰。茲向貴大使聲明如次：關於中國政府運兵接收東北諸省之登陸港口等問題，中國政府送與貴方商洽，初定自大連登陸，雙方意見迄未一致。嗣定自營口及葫蘆島登陸，因中國政府軍隊在未達到各該港口以前，已為中共軍隊佔領，致未便實行。本月十二日復據報有中共軍隊向距長春廿華里之大屯飛機場附近集合，且有中共軍隊開入長春市內，中國政府因亦未便以空運軍隊前往。中國政府知蘇軍即將自東北諸省撤退，雖久經派定軍隊前往接收，但由於上述諸種阻障，一切辦理迄無成就。中國政府認為東北諸省之接收，宜由中蘇再行釐訂一有效之計劃，此種計劃，本部擬即另行提出與貴方商訂。我方接收辦法，以及蘇軍撤退延期問題，當於商訂該項計劃時一併確定。為此照請貴大使查照，並請轉電蘇聯政府為荷。本部長順向貴大使致其敬意。

此致蘇維埃社會主義共和國聯邦駐華特命全權大使　彼得羅夫　閣下

中華民國三十四年十一月十九日

中國政府接收東北諸省辦法要點

民國三十四年十一月十九日

一、為使中國政府能以飛機安全運輸軍隊至長春、瀋
陽起見，蘇方允負責對於在長春、瀋陽市區及其飛
機場附近任何未經政府承認之武裝人員，解除其武
裝，並允許中國空軍運送飛機場地面工作人員，先
至長春、瀋陽飛機場，指揮照料飛機起降等工作。

二、中國政府如須利用北寧鐵路及東北港口運輸軍隊
時，蘇方允予以可能之便利。

三、蘇方對於中國政府擔任接收工作人員，允予以各種
道義的及物質的協助；關於該項人員赴各地方編組
地方團警之工作，尤願予協助。

以上辦法，經雙方同意後，則原定蘇軍自東北諸省各地
點撤退之時間表，延長一月，即以一九四六年一月三日
為蘇軍撤退完成之期。

蘇聯駐華大使館參事米克拉舍夫斯基致王世杰部長照會譯文

民國三十四年十一月二十四日

逕啟者：准貴部長十一月十九日照會，本大使茲奉復如
下：如本大使業於十一月十七日通知貴部長者，蘇聯政
府對於東三省蘇軍司令部已予指示，採取必要辦法，俾
便保證中國政府軍隊無阻礙的在長春及瀋陽降落。對於
貴部長建議由中國統帥部派中國地面工作人員至長春及
瀋陽飛機場，以便照料載運送中國政府軍隊至長春及瀋
陽之往來飛機，蘇聯政府毫無反對意見。至中國政府關

於中國軍隊在東三省海港營口及葫蘆島登陸，以及由北寧路運送軍隊事，請予協助一節。因在營口及葫蘆島區域及瀋陽以南，現無蘇聯軍隊，因蘇軍依照已經通知中國政府之撤退計劃業已撤退，故東三省蘇軍司令部對於此事，實無可能協助。

同時，貴部長關於中國政府因為中共軍隊已在離長春二十華里之地集中，且已有中共軍隊開入長春，故未能將其軍隊空運長春之聲明，蘇聯政府不能同意。此種聲明，與實際情形不符，因為中國之任何非政府軍隊，從未開入長春，故此貴部長所指出之中國軍隊在長春降落之阻障，過去未曾存在，現在亦不存在。

由於貴部長所指出之「辦法要點」而可能仍須商討論之個別問題，蘇聯政府認為如以前一樣，由馬林諾夫元帥與中國政府代表在當地決定，當有裨益。

本大使順向貴部長重表崇高之敬意，此致中華民國外交部部長王世杰閣下。

蘇聯特命駐華全權大使彼得洛夫
一九四五年十一月二十四日於重慶

外交部致蘇聯駐華大使館照會

民國三十四年十一月廿六日

逕啟者：接准貴大使本年十一月二十四日照會，茲奉復如下：蘇聯政府對於中國政府以飛機輸往長春及瀋陽之軍隊應允保證其無阻礙之降落，並可同意中國政府派遣地面工作人員至長春及瀋陽飛機場。本部長對於蘇聯政府以上之表示，殊為欣慰。中國政府現已通知其軍事機

關，迅速從事於該項空運工作之準備。

至於營口、葫蘆島以及瀋陽以南區域，蘇聯政府既如來照所稱，因蘇軍業已依照已經通知中國政府之撤退計劃自該區域撤退，故不能予我方以協助，中國政府於此亦甚諒解，並正依照原經商定撤退計劃，派遣部隊進入該撤退區域接防，預定日內即可到達錦州一帶。

此外關於本部長十一月十九日所提出「辦法要點」中尚須詳細商討之問題，即我方接收人員所需要之諸種協助事項（尤其關於派員編組地方團警事項），以及蘇軍撤退延期一個月問題，中國政府現亦決定依照貴大使照會所提議，即派代表往與馬林諾夫斯基元帥當地商決。關於我方輸運軍隊至長春瀋陽之詳細辦法，以及其他與我方接收有關之若干事項，當亦令該代表就地磋商，以期迅速確定。

本部長順向貴大使重致崇高之敬意。

此致蘇維埃社會主義共和國聯邦駐華特命全權大使彼得羅夫閣下

外交部長王世杰
中華民國三十四年十一月二十六日

蘇聯大使彼得羅夫致王世杰部長照會譯文

民國三十四年十一月三十日

逕啟者：准貴部長十一月二十六日照會，茲奉復如下：蘇聯政府接受中國政府所表示之願望，同意蘇聯軍隊自東三省延期一個月撤退，即延期至一九四六年一月三日為止。關於由此而發生之一切實際問題，蘇聯政府已予

馬林諾夫斯基元帥以指示與中國政府諸代表商討矣。

本大使順向貴部長重表崇高之敬意。

此致中華民國外交部部長王世杰博士

蘇聯駐華特命全權大使彼得羅夫（簽名）

　　　　　　　一九四五年十一月三十日於重慶

王世杰部長接見蘇聯大使彼得羅夫談話要點

民國三十四年十二月七日

一、關於蔣主席派私人代表赴莫斯科謁史大林大元帥
　　事，貴大使於本月三日通知本人，史大林大元帥準
　　備於本月下半月接談。現蔣主席已決定派蔣君經國
　　於本月二十五日左右赴莫斯科，預定先居迪化，至
　　由迪化至莫斯科之飛機，希望貴方能予以便利。

二、關於承認外蒙獨立問題，以事關係中華民國領土之
　　變更，故本部須於外蒙公民投票之結果向中央常會
　　及國防最高委員會及內政部報告，完成諸種手續。
　　此項程序手續，預計至一九四六年一月十五日以前
　　可以完成，預定在一月十五日左右正式承認。至於
　　外蒙當局擬於承認後立即派代表與中國政府商議樹
　　立外交關係一節，中國政府表示歡迎。外蒙在內蒙
　　之軍隊，前經東北蘇軍總司令部聲明，將與蘇軍同
　　撤，我政府希望外蒙軍隊之在內蒙境內者，在本年
　　內完全撤至外蒙境內。

三、關於蘇軍自中國東三省撤退問題，據張理事長及
　　蔣特派員報稱，以馬林諾夫斯基元帥提出意見，如
　　果蘇軍在一九四六年一月三日以前完全撤離中國國

境，則蘇軍日內即須由瀋陽附近北撤，否則恐不能
如期完成撤兵計劃，但恐中國政府軍隊不能在此短
期內到達蘇軍撤退之地區，故如中國政府贊同，似
可改為蘇軍自一月三日起自南北撤，在二十天，或
至多一個月內，完全撤離中國國境等語。對於馬元
帥之建議即蘇軍至遲於明年二月一日以前完全撤離
中國國境，中國政府在原則上可予同意，（惟須俟
自本月底左右彼此以書面協定後始可發表，發表
時，應觀此方□□同意之決定，不□明為任何一方
之提議）。至蘇軍究以自何日起開始撤退為宜，可
由中國政府代表與馬元帥商定。以上意見請報告貴
政府後見復。

外交部致蘇聯駐華大使館照會

民國三十四年十二月二十四日

逕啟者：蘇聯軍隊自中國東北諸省撤退完成之期，原經
雙方商定，為一九四六年一月三日。茲依照貴我雙方代
表在長春會商之結果，中國政府贊同將蘇軍自中國東北
諸省撤退完成之期，改定為一九四六年二月一日。為此
通達查照，敬希惠復。並向貴大使重表敬意。此致彼得
羅夫大使閣下。

外交部部長　王世杰

蘇聯大使彼得羅夫致王世杰部長函譯文

民國三十四年十二月二十九日

逕啟者：接准閣下本年十二月二十五日大函，本人認為

對於閣下與本人於十二月十四日關於來函所涉問題之談話，有向閣下回憶之必要，本人當時曾經指出閣下於十二月七日與本人談話中，於敘述馬林諾夫斯基元帥與中國政府代表張嘉璈及蔣經國在長春商談之過程時，曾有於本質上甚不確實之點，當時本人曾告知閣下，馬林諾夫斯基元帥並未提出關於蘇軍於一九四六年一月三日始自滿洲開始撤退之建議，如自閣下聲明所得出之結論者然。馬林諾夫斯基元帥曾告中國政府諸代表謂，因為蘇軍至一月三日為止，須自滿洲撤退完畢，故彼須於十二月十五日至二十日之間，將蘇軍自瀋陽撤退，繼之則自長春撤退。張嘉璈代表對於馬元帥之聲明，曾表示恐如此將對中國方面造成困難，指明可將問題解釋為蘇軍於一月三日開始自滿洲撤退，並聲明關於此點，他將請示中國政府。十二月九日張嘉璈和蔣經國二代表再見馬元帥，並向其聲明謂，中國政府認為適宜將蘇軍撤退之期延至二月一日，此一聲明，閣下於十二月十四日與本人談話時，亦曾證實。

因此蘇軍自滿洲撤退之再度延期問題，係由中國方面提出，實甚明顯，故閣下於十二月二十五日來函謂，依照雙方在長春商談之結果，中國政府贊同將蘇軍自中國東北諸省撤退完成之期，改定為一九四六年二月一日一節，未反映出事實真相。本人認為須再向閣下回憶者，即於十二月十四日本人與閣下談話中，本人曾明白表示蘇方意見，即於交換信件及在報上公佈時，蘇軍自滿洲撤退之期，再度更改，究由何方發動，必須說明。

同日，即十二月十四日，關於本問題，本人曾代表蘇聯

政府，向閣下作一聲明，此聲明係反映事實真相者，本
人認為必須舉出，以為此信之結論：

馬林諾夫斯基元帥頃報告蘇聯政府稱：據駐長春中國政
府代表張嘉璈先生及蔣經國先生十二月九日向彼聲明：
中國政府認為宜將蘇軍自滿洲撤退日期，延至一九四六
年二月一日。

如中國政府對此項報告予以證實，蘇聯政府可迎合中
國政府之請求，準備將蘇軍自滿洲撤退日期，延至
一九四六年二月一日。順向閣下重表崇高之敬意。

此致中華民國外交部部長　王世杰　閣下

蘇聯駐華特命全權大使　彼得羅夫
一九四五年十二月二十九日　於重慶

王世杰部長致蘇聯大使彼得羅夫函

民國三十四年十二月三十一日

逕啟者：本年十二月二十九日貴大使來函敬悉。本人對
貴大使關於中蘇兩國政府代表在長春談話過程之說明，
不持異議。貴大使關於蘇軍撤退問題，於本年十二月
十四日向本人所作之聲明說：「馬林諾夫斯基元帥曾報
告蘇聯政府稱，據駐長春中國政府代表張嘉璈先生及蔣
經國先生十二月九日向彼聲明，中國政府認為宜將蘇軍
自滿洲撤退日期，延至一九四六年二月一日」，「如中
國政府對此次報告予以證實，蘇聯政府可接受中國政府
之請求，準備將蘇軍自滿洲撤退日期，延至一九四六年
二月一日」。等語。本部長茲代表中國政府對是項報告
予以證實。因此，本部長認為蘇軍自我東北諸省撤退完

成之期，已改定為一九四六年二月一日。本部長順向貴
大使重表敬意。

此致蘇聯駐華特命全權大使　彼得羅夫　閣下

外交部部長　王世杰

中華民國三十四年十二月三十一日　於重慶

外交部致蘇聯駐華大使館照會

民國三十五年三月六日

逕啟者：關於蘇軍自中國東北諸省撤退日期，本部部長
曾於一九四五年十二月二十九日接到貴大使之書面聲明
一件，並經於同月三十一日函復貴大使在案。依照以上
兩文件所協定，蘇軍自東北諸省撤退完成之期限為本年
二月一日。嗣於本年一月二十九日，本年二月一日及本
年二月十九日本部劉次長及本部部長，曾先後面向貴大
使詢問蘇軍自東北諸省撤退情形，貴大使均以尚未接獲
報告為答。現在前項約定蘇軍撤退完成之期限二月一日
已過，而據本部所接報告，蘇軍尚未自東北諸省完全撤
退，相應照請貴大使轉請貴國政府令飭現在仍駐中國東
北諸省之蘇軍即行撤退，並將其撤退詳情惠予見復為
荷！本部長順向貴大使重表敬意。

此致蘇聯駐華特命全權大使　彼得羅夫　閣下

外交部部長　王世杰

中華民國三十五年三月六日於重慶

蘇聯大使彼得羅夫致王世杰部長照會譯文

民國三十五年三月二十二日

逕啟者：中國政府本年三月六日之照會，蘇聯政府業已收到。滿洲蘇軍如中國政府未兩次提出其駐留延期問題，原可於十二月完成撤退。其後，因冬季條件及氣候不佳，使蘇軍撤退受了阻礙。三月間，氣候條件已經轉佳，蘇軍司令部即決定恢復蘇軍之撤退，且蘇軍已經自瀋陽、撫順及其他地方撤退。現在已甚明顯，蘇軍司令部有可能繼續撤退，以便將軍隊自滿洲至遲於四月底撤退完畢。蘇聯政府茲通知中國政府，蘇軍依照政府之決定，本年四月底將自滿洲撤退完畢。本大使順向貴部長重表崇高之敬意。

此致中華民國外交部部長　王世杰博士　閣下

蘇聯駐華特命全權大使　彼得羅夫

一九四六年三月二十二日

北平熊式輝主任來電

民國三十五年二月十一日

重慶外交部王部長雪艇兄：冬電敬悉。蘇軍未撤退部份，據調查所得如下：甲、瀋陽市迤南至金州、旅順地區為蘇軍第五軍。（一）駐瀋陽蘇軍約七千餘名，番號為戰車第六師二六四團及其他部隊。（二）旅順蘇軍為海軍及陸戰隊約四千名，其海軍司令部駐此。（三）大連蘇軍有步槍兵約二千名，柳樹屯前日軍兵營有海軍三千名。茅水子飛機場及兵營，有步騎工兵約一萬五千餘名。（四）大東溝旅順港，有海軍及砲兵五千名。卅

里堡有航空兵及砲兵與戰車部隊兩小隊一萬八千餘。普蘭店附近，有蘇軍步騎兵約一萬五千人，遼南警備司令部為高宇羅夫少將居此。乙、瀋陽迤北至哈爾濱西之蘇軍為第六軍。駐四平街有步兵。城內戰車部隊約二千餘名。城防司令為魏鶴慎上校。（一）長春蘇軍約五萬五千名。東北蘇軍總司令為馬林諾夫斯基元帥駐此。其城防司令為西爾洛夫少將。（二）吉林省城有蘇軍二千五百名，指揮官兼城防司令為沙曼杯上校。（三）哈爾濱約有蘇軍二萬餘名。北滿地區警備司令為萬堯西洛夫中將駐此。城防司令為潘札灛夫。（四）龍江省城東大凱機場，約有蘇軍五千餘名。衛戌為巴連斯基少將。（五）蘭西駐有蘇蒙軍約一萬餘名，並有戰車一、二百輛。丙、熱河省赤峰城、北太平莊駐有蘇軍三萬二千餘名。（二）承德縣古北口等處，尚有殘餘蘇軍八百九十餘名。丁、滿洲里、海拉爾、黑河、佳木斯通江及中蘇邊境一帶兵力不詳。戊、總計全東北九省及熱河各區，約有四十餘萬左右兵力。敬復。平弟熊式輝。丑齊代參志印。

附註：亞西司冬去電——請詳示蘇軍未撤退部份。機要室註。

外交部致蘇聯駐華大使館照會

民國三十五年四月一日

逕啟者：中國政府接獲報告：（一）駐在長春法政大學校舍內之蘇軍，於三月廿一日撤退時，將校舍縱火焚燬，（二）長春飛機場附近之大倉庫於三月廿五月被蘇

軍爆炸加以破壞。中國政府認為蘇軍上開行為實與中蘇
友好同盟之精神不相符合，特請貴大使轉電蘇聯政府電
知東北蘇軍司令部迅予有效制止此類行為，並於蘇軍自
東北各地區撤退以前，對於各該地區內之公私財產及建
築物予以切實保護，並希見復為荷。

本部長順向貴大使重表崇高之敬意。

此致蘇維埃社會主義共和國聯邦駐華特命全權大使　彼
得洛夫　閣下

外交部部長　王世杰

七　駐蘇軍軍事代表團團長董彥平報告書綜述

彥平自民國三十四年十月初旬奉行營主任熊之命參與對
蘇東北交涉，至同年十一月十七日行營撤至關內，彥平
受任駐蘇軍軍事代表團團長，留駐長春與蘇軍當局繼續
保持聯絡，以迄蘇軍宣告自東北撤退完竣，軍事代表團
繞道蘇境返國，前後歷時六閱月，其間，蘇方態度曾屢
有變化，東北交涉亦隨之疊經轉折，綜觀其衍變歷程，
約可分為四個時間：

一、自民國三十四年十月初旬行營進駐長春至同年十
　　一月十七日行營撤至關內為止，可稱為初步交涉
　　時期。

二、自民國三十四年十一月十七日蘇軍宣告暫緩撤退以
　　便協助我方建立政權，至民國三十五年一月十六日
　　蘇軍突將保安總隊一千人繳械，並指責我方東北秘
　　密組軍為止，可稱為行政接收展開時期。

三、自民國三十五年一月十六日至同年三月十一日瀋陽

蘇軍撤退為止，可稱為蘇軍延宕撤退及行政接收停滯時期。

四、自民國三十五年三月十一日至同年五月三日蘇軍宣佈已自東北撤退完竣為止，可稱為蘇軍撤退及我方行政機構被迫撤退時期。

茲依次略述其經過如下：

（一）初步交涉時期

彥平於民國三十四年十月九日到達長春，與蘇軍當局謀取初步聯絡。

十月十二日熊主任偕張主任委員嘉璈、蔣特派員經國續達。

十月十三日熊主任與蘇軍總司令馬林諾夫斯基元帥作首次會談。

十月十七日雙方洽定蘇軍撤退程序，同意至十二月三日，蘇軍應自東北撤完。

此時，我方之著重點為求確保蘇軍撤退後之地方治安，必須及時運送軍隊至各地接防，並授權省市政府就地編組保安團隊。熊主任與馬林諾夫斯基元帥曾就此次會談四次，彥平與蘇軍副參謀長巴佛洛夫斯基中將亦前後會談計十四次，但蘇方始終堅持若干不利我方觀點，例如：我方海運部隊計劃在大連港登陸，蘇方則稱各港為自由港，拒絕軍隊由此登陸；我方計劃空運軍隊至長春、瀋陽，蘇方則規定必須在蘇方撤退前四日始得開始；我方計劃自山海關陸運軍隊前進，蘇方則表示不願負協助交通工具及安全行車之責任；我方提出省市政府編組保安團隊，蘇方則稱在蘇軍駐區內無此必要；我方

為委屈求全，復表示將利用大連港問題暫作保留，改由營口登陸，原定十一月十日實施，但至十一月三日蘇方實又通告營口已有來歷不明武裝前往佈防，蘇方不負安全登陸之責任。凡此種種均表示蘇軍當局之態度與中蘇友好同盟條約之精神不相符合，東北接收問題純由現地交涉獲得圓滿解決之途徑，已告阻塞。故我政府決定自十一月十七日開始，將行營及其他各部門之接收人員撤至關內，根據中蘇友好同盟條約，另組軍事代表團與蘇軍當局保持連絡。

（二）行政接收展開時期

行營開始撤退時，蘇軍當局向彥平通告稱：奉莫斯科電令蘇軍暫時未得其他命令以前，緩行撤軍並加強數處城防，以便協助中國政府在東北樹立政權，並穩固其基礎。自此以後蘇方態度浸趨好轉，表示希望行營早返長春一切均可商談。

十二月四日張主任委員嘉璈、蔣特派員經國返抵長春。

十二月五日與馬林諾夫斯基元帥會商蘇軍撤退日期及接收行政、編組保安團隊等項問題。

十二月九日再度會商，洽定蘇軍可延期至二月一日自東北撤退完竣，並就我方空運部隊及行政接收有關諸項問題，成立諒解。

十二月十日彥平與蘇軍參謀長特羅增科中將會談，復就蘇軍派遣聯絡官協助我方接收行政一節，商獲具體協議，根據上項交涉之結果及蘇軍當局之諾言，我方即可開始展開行政接收工作。

十二月二十二日接收長春市。

十二月二十七日接收瀋陽市。

民國三十五年元旦接收哈爾濱市。

一月八日接收遼北省。

一月十三日接收松江省。

一月二十四日接收嫩江省，瀋、長、哈三市中央銀行並於接收各該市政府同日開業。

蘇軍當局尚能履行諾言予以必要之協助，我方建立政權之工作亦因之逐漸推進。在軍事方面，我進駐錦州部隊亦於一月十二日接防新民，一月十五日進駐瀋陽鐵道以西地區。

另一方面，蘇方於宣告暫緩撤退協助我方建立政權之後，曾向張主任委員嘉璈提出東北經濟合作之要求，揆其範圍至為廣泛，東北百分之八十以上之重工業均包括在內，蘇方前次阻撓我軍進駐嗣復宣告暫緩撤退之意圖表露甚明，我方於此曾作嚴正表示，願以我國工礦投資條例及技術貿易等合作為範圍，俟蘇軍全部撤退後再行開議，但蘇方仍堅持在撤退前先事研討，乃經由張主任委員嘉璈與蘇軍經濟顧問斯拉德考夫斯基往復折衝，以雙方觀點距離過遠迄未獲任何諒解。

（三）蘇軍延宕撤退及行政接收停滯時期

自一月中旬以後，蘇方態度突轉惡化，推厥原因，不外以下數點：

　　一、東北經濟商談無結果；

　　二、美國派遣馬歇爾特使調處中國共產黨糾紛獲
　　　　有進展；

　　三、美蘇關係對立尖銳化。

在此時期內,蘇軍當局在軍事方面,則藉口交通技術上
之困難,延宕撤退日期,又於一月十六日將我收編之保
安總隊一千餘人藉端繳械,復誣稱行營及軍事代表團於
蘇軍駐區內秘密組軍。我軍於一月十五日進駐瀋陽時,
蘇軍步哨復在中途射擊;在行政方面則對我以接防之各
省市政府多方牽制,並放任非法武裝部隊攻佔已接收之
縣城,又於一月十六日製造張莘夫遇害事件,嗣後,對
我接收黑龍江、合江兩省及長春附近之九台、農安等
縣,即明白表示不能協助,促令我全面接收工作陷入艱
困停滯之狀態中。其間,主席夫人曾於一月二十二日到
達長春,代表政府向蘇軍有功收復東北之各將士授勳,
並向蘇軍闡明中蘇友好同盟之真諦,獲致熱烈反響,但
蘇方並未因此改變其預定計劃,屆至二月一日即原定蘇
軍撤完之日期,馬林諾夫斯基元帥復向張主任委員嘉璈
暗示,謂蘇聯要求經濟合作之目的不在利潤而在國防,
在此一問題未獲商決以前,不能預料撤退之確實日期。

(四)蘇軍撤退及我方行政機構被迫撤退時期

我政府因蘇軍久延不撤,曾由外交部向蘇大使提出照
會,彥平轉奉主席蔣諭示,亦經於三月八日向馬林諾夫
斯基元帥聲明我軍可隨時接防瀋陽並進駐長春、哈爾濱
等地,蘇軍乃突於三月十一日開始自瀋陽撤退,至三月
十四日全部撤出瀋陽,事先並未通告我方,事後將瀋陽
以北之鐵道交通破壞,同時,即支持共產軍在開原、昌
圖一線佈防,阻止我軍北上,並於三月十六日蘇軍撤退
後立即圍攻四平街,我守軍於三月十八日被迫撤離,省
府劉主席翰東及大部行政人員被俘,經彥平數度與特羅

增科中將及中長路蘇方當局交涉,於三月二十六日將劉主席翰東、徐秘書長鼐等一行十四人接運返抵長春,嗣於三月廿九日彥平奉訓電悉蘇大使照會外交部稱蘇軍將在四月三十日以前自東北撤完,即於四月一日向蘇軍當局商訂各地接防程序及日期,維蘇方僅通告各地蘇軍撤退日期,對接防一節,則明白表示不能等待國軍到達,而僅能將防務交付地方現有之武力,換言之即將防務逕交匪軍而不待國軍之接防。彥平復向中長路蘇方當局交涉恢復瀋長間交通及運輸國軍北上辦法,幾經磋商,始獲致協議,但蘇軍當局復藉口鼠疫蔓延,限制國軍到達公主嶺時須受防疫檢查九日,愈益證明蘇方意向顯在將長春以北各地交付其培育指導之共產軍勢力。我方為策萬全,即採取最後步驟,先將留駐長春之各部門接收人員陸續運返錦州各地,一面即準備將哈爾濱、松江、嫩江等省市政府人員相機撤退至安全地帶,或隨蘇軍撤至蘇境後繞道返國。四月九日彥平率軍事代表團隨蘇軍總司令部撤至哈爾濱,四月十四日長春蘇軍撤退完了,同時,共產軍即向長春大舉進攻,於四月十八日攻陷。彥平到達哈爾濱後,首與蘇方洽定在哈爾濱設置我方航空站,自四月二十一日起陸續用飛機將哈爾濱市及松江省大部行政人員運返瀋陽,其餘人員及嫩江省政人員即俟四月二十五日與軍事代表團同車隨蘇軍撤入蘇境,省市行政人員逕赴海參崴,於五月十九日搭船返國,軍事代表則奉令暫留住伯力,俟至五月二十三日蘇大使正式照會我國外交部稱蘇軍已於五月三日自東北撤退完竣,遂奉訓電離蘇,於六月十五日經由海參崴搭船返國。

以上為東北交涉衍變之概略經過，其間蘇方態度雖屢生變化，使交涉進行遭遇若干意料以外之困難，但我方自始至終秉承中央既定決策，確保國家主權，嚴守中蘇友好同盟條約之立場，蘇軍當局雖企圖以延宕撤退及其他各種方式要挾取得東北之特殊權益，卒由於我政府應付得宜，迄未獲任何承諾而宣告撤退，同時，我方交涉原則與行政人員之施政方針，均以地方治安與人民利益為首要，是以東北人民對中央政府乃無不竭誠擁戴，而益堅其內向仰望之心，對托庇外力之共產軍統治則無不深惡而痛絕，實為我方於蘇軍撤退後建立政權之工作，奠定一廣大堅固之基礎。惟是蘇方經此次東北交涉後，對我方疑忌之心理已日益加深，洵非我政府締結中蘇友好同盟條約之本意所在，東北能否獲得長期安定，與我國家建設能否在「不受恐怖」之自由中順序推展，方今對蘇外交之成敗利鈍當為一重要關鍵。就管見所及，蘇方對東北確持有過度之安全感，坐是猜忌不安而種種特殊權益之要求悉由此發生，但察其初意，對東北經濟利益或未必有壟斷獨占之野心，竊認我政府府俟東北大局底定之後，似可自動提出一合作互惠之方案，與蘇方推誠交換意見，袪除過度之猜忌。同時，在中蘇友好同盟條約既定合作範圍之內，充分表現合作精神，互敬互信，庶幾消彌嫌隙，而達我睦鄰友好和平建設之目的。茲為求詳賅，僅將歷次交涉經過及會議要點分期報告於下，呈備鑒察。

八　蘇聯擬在中國東北境內設置電報及電話線

馬林諾夫斯基致熊式輝主任函

民國三十五年十一月十六日

今將蘇聯政府之請求函達閣下，並希予以速復為荷。蘇聯駐於旅順海軍基地區域之部隊，為保持經常不斷之連絡起見，蘇聯政府提請在滿洲境內，提定電報及電話線若干條，以備蘇方使用。其數量如左：

一、自滿洲里站至哈爾濱一段──電報線三條銅線一條。

二、自哈爾濱至旅順一段──電報線三條銅線一條。

三、自哈爾濱至綏芬河一段──電報線四條銅線一條。

四、自旅順大連至新義州（高麗）一段──電報線兩條。

五、自琿春──圖們──開內（高麗）（「開內」係譯音，原名未查出）──電報線兩條。

為經營上列之線路計，須在長春鐵路局電務處之下，附屬如左之施設：

A. 在海拉爾、齊齊哈爾、哈爾濱、牡丹江、長春及瀋陽等城，設置六處加強站，其每處之職員，由蘇聯人五名充任之。

B. 在海拉爾、齊齊哈爾、哈爾濱、長春及瀋陽等城，設置五處電報轉發站，其每站之職員，由蘇聯人六名充任之。

以上所述之加強站及轉發站，由蘇方之人力及經費予以配備。蘇方職員擬列為長春鐵路局人員，或作為被派在鐵路局電務處之人員。因其工作將與長春鐵路局電務處技術人員有密切連繫（試驗電報線、更換電線、修理故障、改裝路線及其他）。

此項職員之特遇由蘇方供給之，至於電報、電話線之
經營（如保護修復整理等）則由長春鐵路局電務處擔
任之。其關於為此項事務而支出之費用，蘇方同意願
與鐵路理事會商討，締結關於償還該項費用程序之專
門協定。

馬元帥簽署 十一月十六日

本年三月七日蘇聯大使來部面遞備忘錄略稱：「奉命通知中國政府為補充一九四六年十二月二日之聲明，蘇聯再請中國政府從速依據一九四五年八月十四日中蘇所訂之協定，在旅順海軍根據地區域及大連市建立中國行政機構。」等語。本部王部長根據上述事實向蘇聯大使說明中國政府對於旅大行政權延遲恢復之原因。並於同月十一日以備忘錄答覆蘇聯大使，除重行提及本部王部長於三月七日，向蘇聯大使所作之口頭聲明外，並通知蘇方中國政府決定於最短期間派遣行政人員與軍警，前往旅順海軍根據區域及大連恢復行政權。該被派往旅大之中國行政人員及軍警，一部份將由陸地經過中蘇共同使用之海軍根據地區前往，一部份將取海道由旅順及大連登陸。嗣蘇聯大使於四月十日來部見王部長並面遞備忘錄略稱：「蘇聯政府對於中國行政人員前往大連及旅順海軍根據地區域之聲明，業已知悉。海軍根據地區蘇軍指揮當局已奉到訓令，對於中國民事行政人員之執行職務，予以協助。至於貴部長所稱在大連及旅順建立中國行政權之遲延，係因在各城市近郊有中國非政府軍隊存在一節，本大使應予聲明，在大連及旅順近郊以及海軍根據全部區域境內，過去及現在，均無此項軍隊。蘇聯政府不反對派遣為實施民事行政所必需數量之中國警察，往大連及旅順海軍根據地區域。但蘇聯政府認為，關於開入海軍根據地區域之中國警察之數量及其駐紮地點問題，必須預先徵得蘇軍指揮當局之同意，中國政府派遣中國軍隊往旅順海軍根據地區域之意圖，與中蘇關於旅順之協定不合，因依照該協定，海軍根據地之防護

往旅順大連視察地方情形。本部長茲請貴大使轉電蘇聯政府通知旅順蘇軍指揮當局，予該員等以一切必要之協助，俾彼等能作安全之視察。依照中蘇條約，大連在對日作戰時期，固可受旅順海軍根據地區之管制；但日軍投降已一年有餘，對日戰事已不復存在。中國政府派遣軍隊進駐大連當然應不受任何限制，即在戰時中蘇條約中亦無限制中國軍隊進入大連之條文。中國政府茲決定，除派武裝警察外，同時並擬派陸軍約二旅進駐大連。倘有需要，當隨時加強其兵力，依照中蘇條約，旅順海軍根據地區域為中蘇共同使用之軍事區域，在原則上，中國政府有派遣軍隊進駐該海軍根據地區域之權。至於派往軍隊之數量及其駐紮地點問題，可由中蘇軍事委員會視為共同使用該海軍根據地區域之事項商討決定。中國政府派往旅順海軍根據地區域武裝警察之數量當視該區域行政機構之安全及其行使職權如何而定。無論如何，該項警察之數量，須足夠維持該海軍根據地區域行政機構之安全，並保證其行使職權。在此種條件下，派往旅順海軍根據地區域之中國警察數量，及其駐紮地點問題，中國政府不反對由中蘇雙方代表就地協商決定。至派往大連之武裝警察及軍隊，其數量及駐紮地點問題，應由中國政府自行決定。」等語。同時王部長並向蘇聯大使作口頭說明：「關於旅順口之協定第一、二條規定旅順軍區為中蘇兩國共同使用之海軍根據地。此項共同使用，自不限於第三條之規定，旅順口僅由中蘇兩國軍艦及商船使用。關於大連，大連只有在對日作戰時受旅順軍區之管制。現在對日作戰狀態已不存在，

順軍區之中國軍警數目可由雙方代表就地商定。經於五月十二日以備忘錄答覆蘇聯大使，略云：『關於中國軍隊進駐旅順海軍根據地區事，中國政府仍保持本部長四月十七日備忘錄中所申述之立場。中蘇關於旅順口之協定第一條既明白規定，兩締約國共同使用旅順口為海軍根據地，該協定第二條復明白規定『海軍根據地區之正確界限，應依所附之說明及地圖之規定』，足見中蘇共同使用之為旅順海軍根據地全部區域，並非限於該區域內之旅順港口。該協定第三條規定旅順口『僅由中蘇兩國軍艦、商船使用』，意在限制任何第三國船舶使用該港，並非謂中蘇共同使用之範圍限於該港。中國政府自有在該海軍根據地區駐紮軍隊之權。至此項中國軍隊在該海軍根據地區之數量及駐紮地點問題，本部長業經聲明可由中蘇軍事委員會商討決定。關於中國軍隊及警察進駐大連事，本部長茲對本部長四月十七日之聲明，特再鄭重補充說明，以期迅獲蘇聯政府之完滿了解。依照中蘇條約大連僅予對日作戰時受旅順海軍根據地所設定之軍事統制。但對日戰事，實際業已結束，實為無可否認之事實，因之任何軍事統制之設定，實際上決非必要。且即在對日作戰時期，旅順海軍根據地對大連，雖可設定統制，惟此種統制既因戰事而設定，自亦應以適應中蘇共同對日作戰之需要為限。中國軍警進駐大連，以維護其行政之自由與安全，不論在何時期，顯然不能視為妨礙對日作戰之需要。中國政府認為中蘇條約之根本精神，在使締約之雙方，一本互助合作之精神，以共同抵制日本侵略之再起。依此精神，則締約之任何一方

實不可就條約中任何未及詳定之事項，故作牽制他方之解釋。中國政府對於派軍警進入大連一事，仍維持本部長前次備忘錄所聲述之決定。中國政府對於蘇方所提從早成立中蘇軍事委員會之議，願表同意。同時，中國政府認為中蘇政府如對上述基本問題有一致之了解，該委員會之組織，始有順利推進其工作之可能。」等語。

迄今本部仍在候蘇方答覆中。本部一面對蘇進行上述交涉，一面著手組織旅大視察團，由董彥平、張劍非領導前往視察旅大地方情形，以為接收旅大之準備。此項視察團前往旅大，經洽妥蘇方，予必要之協助業如上述。該團於六月二日自瀋啟程往葫蘆島，乘我軍艦長治號前往旅順，於六月三日抵達。所有視察日程，均經與旅順軍區蘇軍當局洽定，定於六月七日分組開始進行。預定第一組視察執行行政職務之機構，及其設施、團體、教育文化團體、金融機關及商工業，第二組視察港務，第三組視察公用事業、鐵路公路。第一組開始視察時，蘇方忽稱據當地「關東公署」遲子祥表示，必須視察團董團長赴「關東公署」答拜，始能接受視察。蘇方並稱：「渠等認為該項機構係出於民選，輕侮渠等，即係輕侮本區一百五十萬人民，本軍不便對渠等有所強迫，蓋本軍之立場為不干涉中國內政。」等語。是時長治艦在停泊期間所需給養，蘇方托詞延宕，迄未供應，至購置零細物品所需費用，則因該區通用特種貨幣，曾請蘇方協助兌換，亦遭拒絕。嗣蘇方又忽通知：「根據政府命令，視察團之給養已由蘇軍指揮部移交『關東公署』接洽」。此項通知顯為我方拒絕答拜後進一步壓迫。視察

團當通知蘇方預定六月九日之視察工作，均暫緩一日實
施。預計蘇方態度如不能改善，即將聲明中止視察工
作。其後蘇方態度轉緩，視察團為避免雙方就答拜「關
東公署」問題繼續僵持，當亦表示亦願獲得適當機會，
聽取地方人士之陳述，如有盟邦友人陪同在第三者之場
所會見，當不表示反對。最後洽定由董彥平團長偕王團
員洽民赴蘇軍司令官處與遲子祥會見，即席由董團長介
紹王團員洽民偕同遲子祥赴既有機構視察。其後視察團
王、葉、朱三團員於六月十一日在紅軍司令部與遲某
會晤。

視察團提出要求視察旅順港口，又六月十日長治艦擬赴
大連一行，均因蘇方藉詞推托未果。

視察團於六月十日由蘇軍司令及鐵路分局長陪同乘專車
至金州，擬離站巡視附近地區，為武裝偽警所阻。嗣擬
於歸程時擬在營城子下車訪問農村，亦為蘇軍司令以該
地現為蘇軍駐紮地區，未便前往為詞，婉加拒絕。

王團員洽民於六月十日在大連市內視察，亦為偽組織阻
撓，僅獲視察一、二商店而返。

六月十日視察團在大連視察時，蘇方藉口大連不能保證
供給安全性之飲食，致全團團員該日午間均未獲進食。

旅順海軍根據地區內有若干地區如東港、石河驛以南
十二公里地區及營城子附近地帶，均因蘇軍當局之阻
止，未獲視察。

視察團於六月十二日自旅順歸航返瀋。綜計該團在旅順
週餘，因未獲蘇方預定給予之協助，兼受當地所謂地方
行政機構之阻撓，其視察任務未能達成。（該地所謂

「關東公署」，實為反政府份子所操縱，例如「關東公署」之秘書廳長陳某，即係企圖以武力推翻政府之激烈份子。該行政機構之阻撓視察團之工作自為意料中事。）本部據視察團之報告，獲悉視察團之工作遭上述各種阻礙，經於六月二十五日照會蘇聯大使館代辦，除略述視察團工作所遭遇阻礙之事實外，並略稱：「中國政府認為蘇聯政府所聲明允對中國政府所派視察旅大人員予以充分協助，俾彼等能自由執行其任務一節，在事實上未能實現，不能不引為深憾。同時上述諸種事實，更加證實中國政府對於恢復旅大行政權所作之決定，即為切實保障行將恢復之中國行政權得以自由行使職權起見，中國政府認為派遣足量之軍警，進駐旅順海軍根據地區及大連，實為必要。至於中國政府依中蘇友好同盟條約，有權派遣軍警進駐上述地區一節，本部長已一再照會蘇聯駐華大使，茲不複述。為此中國政府特再鄭重要求貴國政府，對於本部長本年五月十二日關於接收旅大行政之備忘錄迅予同意並惠復等語。」同時，關於旅大接收問題之交涉經過並發表公報。在公報內略述自三十四年十月以來關於接收旅大問題之交涉經過，最後關於此項接收旅大問題略作結論如次：「旅大行政至今未能由中國政府接收，一由於蘇聯政府一再拒絕中國政府軍隊入駐旅大，二由於自蘇方拒絕中國政府軍隊由大連登陸後，中國共產黨在旅大附近成立甚大之武力，以阻撓中國政府之接收。中國政府於此不能不鄭重喚起蘇聯政府，對於中蘇條約內次列兩項條文所規定之某本義務，特予注意。一、蘇聯政府同意予中國以道義上與軍需品

及其他物資之援助，此項援助，當完全供給中國中央政府，即國民政府。二、蘇聯政府以東三省為中國之一部份，對中國在東三省之充分主權，重申尊重，並對其領土與行政之完整，重申承認。」

中國政府深望蘇聯政府顧念其上述義務，對於條約中無明文規定之事，不曲加解釋，以破壞中國主權與行政之完整，阻撓旅大行政之接收。中國政府願本友好精神，繼續交涉，以求取彼此見解之一致。同時中國應鄭重聲明，中國政府派遣軍警接收旅大行政主權，既無條約限制，中國政府自得隨時決定行使其權利。

二　初步商談

蘇聯大使彼得羅夫致王世杰部長照會譯文

民國三十五年二月十六日

敬啟者：依照一九四五年八月十四日中蘇「關於大連之協定」，及「關於大連協定之議定書」之規定，關於以大連港口之相當工事及設備租與蘇聯，及大連港口之管理諸問題，蘇聯政府認為宜開始簽訂協定之談判。為進行此項談判起見，蘇聯政府建議每方各派代表三人，即於最近在大連開始工作。對於閣下關於蘇聯政府上開建議之迅速回答，本大使將十分感謝。

本大使順向貴部長重表崇高之敬意。

此致中華民國外交部部長　王世杰　博士

彼得羅夫（簽字）

一九四六年二月十六日於重慶

美國公使巴德華致王世杰部長照會譯文

民國三十六年一月六日

逕啟者：茲本國政府對於大連港之地位及管理不適意之現狀，認為實應由貴國及蘇聯兩國政府迅予考慮，以期履行一九四五年八月十四日之中蘇協定有關大連之條款。按本國政府不能理解，有何理由再行稽延上述協定內所預計在貴國之管理下，重行開放大連港之國際貿易一舉？美國政府雖完全體會此事為中蘇兩國政府直接交涉者，然深覺其對本國之一般利益，實有向該直接有關之兩國政府，提出此項問題之責任，以期將大連目前不正常之狀態，早日予以終止，而奠定正常狀態，俾美籍公民前往或居留大連者，得以從事於其合法之活動。關於上述一節，本國政府並擬表示，希望長春鐵路恢復交通一事，不久能獲致協議，相信迅速履行有關大連及鐵路之協定，當在重行奠定遠東之正常狀態，及復興一般有利之商業活動兩方面，成為一主要之貢獻，故本國政府當樂於獲得貴國及蘇聯兩國政府之諾言，在最近之將來，採取一切必要之措置，以完成此項目的。復查美國駐莫斯科大使爰亦奉令，以同樣照會送致蘇聯外交部長，合併照達查照為荷。本公使順向貴部長重表敬意。

此致中華民國外交部長王　閣下

巴德華　一九四七年一月六日

中華民國三十六年一月六日

外交部致蘇聯駐華大使館照會

民國三十六年一月三十日（此件暫緩發）

逕啟者：查日本投降，業已年餘，中國政府對於大連，以種種原因，迄未能加以接收。中國政府頃已派定接收人員，並令飭率同地方保安團隊前往接收大連行政，俾早日恢復大連之正常狀態。該項接收人員，現已到達普蘭店，即將進入，並通過中蘇協定所規定之旅順軍港防區，以便前往大連。中國政府以該防區治安，現尚在蘇軍獨自負責維持中，自不慮對我接收人員於通過該防區內時將發生任何意外。萬一如有非法份子在該區以內，乘機擾亂地方秩序，以圖阻撓接收人員之通過，深信蘇軍當局，為實踐中蘇友好同盟條約之義務，亦必能迅予制壓。中國政府當電令接收人員，與旅順軍港防區蘇軍當局，密取聯繫，為此特照請貴大使轉電貴國政府，即行令知該區蘇軍當局，於我方所派接收人員暨所率領之保安團隊進入及通過旅順軍港防區時，勿發生誤會，並請該區蘇軍當局，對我接收人員及保安團隊，惠予交通通訊及其他便利。倘蒙貴大使將該區蘇軍當局負責人之姓名，及與其取得連絡之辦法，首先迅予告知，本人尤深感激。至關於大連港務各項問題，中國政府俟大連接收完竣，及行政機構建立後，即將依約與貴國政府開始商談解決。相應一併照請查照，並希惠予見復為荷。

此致蘇維埃社會主義共和國聯邦駐華特命全權大使　彼得羅夫　閣下

外交部部長　王世杰

外交部答復美國大使館節略

民國三十六年二月一日

外交部部長茲向美國大使館致意，並就美國大使館一九四七年一月六日關於大連問題之來照有聲述：

依照一九四五年八月十四日，關於大連之中蘇協定，中國政府同意宣佈大連為自由港，對各國貿易一律開放，該項協定明白規定大連之行政權屬於中國，及除在對日本作戰之場合外，大連不受旅順軍事機關之監督或管制。

自日本投降以來，中國政府即擬使上述協定之條款，迅速付諸實施，並使大連對國際商務開放，但由於若干事實上障礙之存在，中國政府雖經竭力設法克服此種困難，迄今尚未能接收大連之行政權。由於同樣原因，恢復中國長春鐵路交通之努力，迄至目前，亦歸無效。

關於大連及中國長春鐵路之中蘇協定，如見諸實施，其於遠東正常狀態之重建，裨益殊大。中國政府對於此點，與美國政府具有同感，並願向美國政府鄭重聲明，中國政府業經努力，並將繼續努力，以期達成此項目的。

民國卅六年二月一日
一九四七年二月一日

蘇聯外交部答復美國駐莫斯科大使館節略

民國三十六年二月二十七日

蘇聯外交部長向美國大使館致意並聲述：本年一月三日關於大連港及中長鐵路問題，大使館第三號照會業已閱悉。外交部茲答復如下：吾人皆知，大連與中國長春鐵路之地位，經於一九四五年八月十四日中蘇關於大連暨關於中國長春鐵路兩協定中明白規定，是以有關該兩協定之各種問題，均屬蘇聯與中國兩政府之職權範圍。蘇聯政府方面一向表示準備採取適當步驟，並經盡一切可能，以求各該協定得以確實履行。

大使館照會內提及遠東不正常之狀態，顯係指中國之狀態而言，不能認為係使蘇聯政府對此種狀態擔負任何責任之理由。

至關於中蘇協定中所規定之旅順海軍根據地區域暨大連一節，蘇聯政府於其有關者，在已往及現在均採取可能辦法，以便該區域暨大連市得有正常狀態。

對一九四五年十二月莫斯科三國外長會議，關於蘇聯與美國軍隊由中國撤退問題所簽訂之協議，在此當無詳述之必要。蘇聯政府認為蘇、美同樣確實履行該協議，暨莫斯科協議所規定之其他各條件，對於樹立中國境內之正常狀態，實有極重大之意義。自去歲春季蘇聯軍隊由滿洲撤退完畢之後，凡上述協議所要求於蘇聯者，蘇聯政府均已實行矣。

蘇聯在東北駐軍現狀

民國三十六年一月二十七日情報司第三科編

情報來源	國防部	東北行轅	東北保安司令長官部
軍隊總數	二十萬以上	約八萬以上	四萬
駐區	（1）旅大至少十三萬 （2）其他東北各地－七萬六千	（1）旅大一七萬餘 （2）哈爾濱、海拉爾一便衣人員數千	（1）旅順附近：二萬人（內海軍五千） （2）大連附近：一萬五千 （3）金州以北石河以南：約五千
基地	（1）空軍旅大一周水子北部一索倫 （2）海軍一旅順港	（1）司令部一旅順 （2）主力一旅順大連 （3）其他散於金州以北地區	
來報日期	三十五年十二月二十四日	三十五年十二月六日	三十五年十二月四日
備考	（1）蘇俄將若干正規軍改編為護路隊、僑民、商人等潛伏。 （2）旅大地區，蘇軍時與韓北駐軍調動	（1）部隊性能 a. 旅大狙擊師四師 b. 戰車隊二至三隊 c. 海岸警備隊五至八隊 （2）配備 a. 戰車三百輛 b. 飛機五百架 c. 機場十處 （3）防禦工事 a. 已完成石河以南防禦。 b. 旅順及大連有對海陸正面及防空設備。 c. 金州及石河附近有對北正面之半永久工事。	金州以北蘇軍大部向旅順撤退。

三　交涉談話紀錄及文電

蘇聯大使彼得羅夫致王世杰部長備忘錄

民國三十六年三月七日

一九四六年十二月二日，本大使曾向次長甘乃光先生申述本大使奉蘇聯政府之命，聲明蘇聯政府向主張且現仍

主張嚴格履行中蘇協定之義務。在此聲明中，本大使曾提出在旅順海軍根據地區域及大連市建立中國行政權之問題，並曾聲明蘇聯政府固自然準備履行其本身對於中蘇協定所負之義務，但同時願中國政府方面，亦履行其對該協定所負之義務。本大使現奉命通知中華民國政府，為補充上述一九四六年十二月二日之聲明，蘇聯政府政府再請中國政府從速依據一九四五年八月十四日中蘇所訂之協定，在旅順海軍根據地區域及大連市建立中國行政機構，並請中國政府對中國長春鐵路現時可能實現中蘇共同管理之部份，迅速採取措施，以恢復中蘇共同之管理。

一九四七年三月七日於南京

外交部致蘇聯大使館備忘錄

民國三十六年三月三十日

外交部准蘇聯大使本月七日面遞備忘錄，略以奉蘇聯政府命令聲明，蘇聯政府主張嚴格履行中蘇條約之義務，請中國政府從速依據一九四五年八月十四日中蘇所訂之協定，在旅順海軍根據地區域及大連市建立行政權，並請中國政府對中國長春鐵路現時可能實現中蘇共同管理之路段，迅速採取措施，以恢復中蘇共同管理等語。

中國政府對於上開蘇聯政府主張嚴格履行中蘇條約義務之聲明，至表欣慰。中國政府向主張締約雙方嚴格履行中蘇條約之義務。中國政府對於旅順海軍根據地區域及大連市行政權遲延恢復之原因，已由外交部王部長於本月七日向蘇聯大使說明。

中國政府茲決定於最短期間，派遣行政人員與軍警，前往旅順海軍根據地區域及大連，恢復中國行政權。該被派往旅大之中國行政人員及軍警，一部份將由陸地經過中蘇共同使用之海軍根據地區前往，一部份將取海道由旅順及大連登陸。外交部特請蘇聯大使，關於此事，轉電蘇聯政府，通知旅順軍區蘇軍當局。

關於中國長春鐵路中蘇共同管理問題，外交部併請蘇聯政府，依照中蘇條約，迅飭所派擬訂該路章則代表及資產議定委員會代表，於最短期內來南京開會，以便早日完成制定該路章則，確定該路資產之工作。至中國政府參加擬訂該路章則及議定該路資產之代表名單，當於日內將其另行由中國駐蘇聯大使館通知蘇聯政府。中國政府並準備於旅大行政權恢復後，先就該路安全情形所許可之路段，實施共同管理。

中華民國三十六年三月三十一日

蘇聯大使彼得羅夫致王世杰部長備忘錄

民國三十六年四月十日

接准貴部長三月三十一日關於旅順海軍根據地區，大連及中國長春鐵路等項問題之聲明，茲答復如下：

蘇聯政府對於中國政府擬派中國行政人員前往大連及旅順海軍根據地區域之聲明，業已知悉。中國政府之此項決定，符合一九四六年十二月三日，及一九四七年三月七日本大使聲明中所述蘇聯政府之願望。海軍根據地區蘇軍指揮當局已奉到訓令，於中國民事行政人員之執行職務，予以協助。

至於貴部長所稱在大連及旅順建立中國行政權之遲延，
係因在各該城市近郊有中國非政府軍隊存在一節，本大
使應予聲明，在大連及旅順近郊，以及在海軍根據地全
部區狀境內，過去及現在，均無此項軍隊因之貴部長所
稱之情況，不能成為依照中蘇關於大連及旅順口協定之
規定，在上述區域內建立中國民事行政權遲延之理由。
關於旅順口之協定第五條規定，中國政府對於海軍根據
地區域主要民政人員之委派，應顧及蘇聯在該區內之利
益，而旅順市民事行政人員之任免，由中國政府徵得蘇
聯軍事指揮當局之同意為之。

根據此點，蘇聯政府企待中國政府依照此項協定，予以
進行。

蘇聯政府不反對派遣為實施民事行政所必需數量之中國
警察往大連及旅順海軍根據地區域，但蘇聯政府認為，
關於開入海軍根據地區域之中國警察之數量及其駐紮地
點問題，必須預先徵得蘇軍指揮當局同意，因依照關於
旅順口之協定第五條規定，蘇聯軍事指揮當局關於保障
安全問題所作之建議，應由中國行政當局予以實行。中
國政府派遣中國軍隊往旅順海軍根據地區域之意圖，與
中蘇關於旅順口之協定不合，因依照該協定，海軍根據
地之防護已由中國政府委託蘇聯政府辦理之。至於大連
港，則按照中蘇協定，於對日作戰時，大連受海軍根據
地區域之軍事統制。因現時尚無對日合約，對日戰爭狀
態既尚未終止，旅順海軍根據地之統制，仍及於大連。
根據以上所述，蘇聯政府對於派遣中國軍隊前往旅順
海軍根據地區域及大連不能同意，因其與中蘇協定相

牴觸。

蘇聯政府對於恢復擬訂中國長春鐵路章程，及議定該路資產委員會之工作，重表同意。蘇聯政府準備派遣上述委員會中之蘇方代表前往南京。

蘇聯政府並依照其本年三月七日之提議，認為對於現時已經可能實施中蘇共同管理之中國長春鐵路諸路段，尤其瀋陽至大連一段，必須恢復中蘇共同管理，不容再事延緩。

一九四七年四月十日　於南京

王世杰部長與蘇聯大使彼得羅夫談話紀要

民國三十六年四月十日

卜司長在座

大使：將書面聲明（備忘錄）逐段向部長誦讀，由蘇使館一秘伊三克譯成中文。（聲明書中文譯稿另附）

部長：本人對大使之聲明，容俟研究及與政府商量後，再詳細以書面答復大使。茲先聲明數點如下：

（一）中國政府遲延恢復旅大行政權之原因，大使在聲明中祇指出我前次所指出之一個原因。本人前與大使談話時曾說明此事有兩個原因。其一，為一九四五年十月中國政府決定首先接收大連，因蘇聯政府不同意我軍在大連登陸，致未接收大連。其二，為大使聲明中所指出者，即自日本投降以後，旅大附近逐漸有反政府武力之發生與

發展，此種武力在陸地阻撓中國政府接收旅大。

（二）至於限制中國政府軍隊進入旅大一節，此事甚為嚴重。本人前此曾向大使聲明過，從中蘇條約的文字講，條約中並無明文禁止中國軍隊進入旅大。從中蘇條約的精神講，中蘇條約的精神是對日的，是防止日本侵略之再起，或於日本侵略再起時，中蘇兩國共同抗拒日本之侵略。因此之故，中國軍隊之進入旅大，即在戰時，亦應不受限制。

（三）依照中蘇條約，大連在戰時固然可受旅順軍區之節制。至於說現在對日和約尚未簽訂，因而謂對日作戰狀態尚繼續存在，大連尚應受旅順軍區管制云云，中國政府不能同意此種見解。總之本人希望，在接收旅大及恢復旅大行政權問題上應使中蘇友誼更為加強，不可對於條約採取某種解釋，使旅大接收問題，影響中蘇兩國之友誼。此為本人應請蘇聯政府特別注意的。

（四）中國政府派往旅順口之市長，其人選正在考慮中，一俟決定，自當依照條約提向貴方之軍事指揮當局徵取同意。

大使：對於貴部長剛才之聲明，亦擬想說明幾點：貴部長表示在接收旅大問題上應更增進中蘇友誼，蘇聯政府亦如此希望。本人去年十二月及今年三月

七日之聲明，其目的與部長剛才所表示者一樣。
本人今天聲明的精神亦在於此。

本人對於貴部長關於中國政府將迅速在旅大建立
行政機構之聲明，十分滿意。旅順之蘇聯軍事當
局，不僅將充分的協助中國行政人員執行職務，
並且願保證其安全，本人茲聲明旅順軍區內在過
去與現在均無反抗中國政府的軍隊存在。

關於中國軍隊進入旅順軍區事，中蘇條約並無中
國軍隊可進駐旅順軍區之規定。

「關於旅順口之協定」第三條，規定旅順口共同
使用之辦法，即旅順口僅由中蘇兩國軍艦及商船
使用。關於旅順海軍根據地共同使用之事項，設
立中蘇軍事委員會辦理之。現在似應即設立中蘇
軍事委員會，以處理共同使用事項。

該協定第四條規定，旅順海軍根據地之防護，中
國政府委託蘇聯政府辦理之。

故本人在聲明中表示之態度係根據中蘇條約，並
與中蘇條約之精神相符合。

部長：貴大使聲明，謂蘇聯政府已命令旅順海軍根據
　　　地蘇軍指揮當局對於中國行政人員予以一切必需
　　　之協助一節，本人表示感謝。關於旅順口協定之
　　　條文，本人已詳細研究。要言之，中蘇兩國既為
　　　盟邦，雙方均應嚴格履行條約所規定之義務，而
　　　不應責令他方履行條約所未規定的或條約以外的
　　　義務。此問題當甚嚴重。本人希望大使與本人
　　　共同努力，使接收旅大事，能加強中蘇間之友

誼，而不使接收旅大事發生阻礙，轉致損害兩
國現存的友誼。

大使：本人完全同意貴部長最後所說的一點，我們如果
努力解決實際上係技術性質之諸問題，即可在旅
大接收一事造成加強中蘇友誼合作之基礎。
本人上次聲明過，蘇聯政府主張嚴格履行中蘇條
約的義務，而不作條約以外之任何要求。

部長：本人暫不準備說別的話。問題相當嚴重。本人當
於最短期間再約大使詳談。

王世杰部長致蘇聯大使彼得羅夫備忘錄

民國三十六年四月十六日

准貴大使本年四月十日關於旅順、大連及中國長春鐵路
等問題之備忘錄，本部長茲奉復如下：貴大使聲明稱：
蘇聯政府已令飭旅順海軍根據地區域蘇軍指揮當局，對
中國行政人員予以協助，並稱在旅大兩區域內無反對中
國政府之軍隊存在。中國政府對此聲明，表示欣慰。
中國政府決定派董彥平中將、張劍非特派員及其隨員數
人即往旅順大連視察地方情形。本部長茲請貴大使轉電
蘇聯政府，通知旅順蘇軍指揮當局，予該員等以一切必
要之協助，俾彼等能作安全之視察。
關於擬訂中國長春鐵路章程及議定該路資產事，一俟蘇
方所派擬訂該路章程，及議定該路資產委員會之代表到
達南京，該二委員會即可在南京開會。
中國政府並同意，在旅順大連中國行政權恢復後，開始
實行中國長春鐵路瀋陽至大連一段之共同管理，其實施

詳細辦法，當交由中國長春鐵路理事會議定。

關於旅順海軍根據地區域主要民政人員，及旅順市主要民事行政人員之人選事，中國政府自當依照中蘇「關於旅順口之協定」第五條之規定辦理。

依照中蘇條約，大連在對日作戰時期，固可受旅順海軍根據地區之管制；但日本投降已一年有餘，對日戰事已不復存在。中國政府派遣軍隊進駐大連，當然應不受任何限制。即在戰時，中蘇條約中亦無限制中國軍隊進入大連之條文。中國政府茲決定，除派武裝警察外，同時並擬派陸軍約二旅進駐大連。倘有需要當隨時加派其兵力。

依照中蘇條約，旅順海軍根據地區域為中蘇共同使用之軍事區域。在原則上，中國政府有派遣軍隊進駐該海軍根據地區域之權。至於派往軍隊之數量及其駐紮地點問題，可由中蘇軍事委員會視為共同使用該海軍根據地區域之事項，商討決定。

中國政府派往旅順海軍根據地區域武裝警察之數量，當視該區域行政機構之安全及其行使職權如何而定。無論如何，該項警察之數量，須足夠維持該海軍根據地區域行政機構之安全，並保證其行使職權。在此種條件下，派往旅順海軍根據地區域之中國警察數量及其駐紮地點問題，中國政府不反對由中蘇雙方代表就地協商決定。至派往大連之中國武裝警察及軍隊，其數量及駐紮地點問題，應由中國政府自行決定。

　　　　　　　中華民國三十六年　四月十六日於南京

王世杰部長與蘇聯大使彼得羅夫談話紀要

民國三十六年四月十七日

卜司長在座

部長：（將備忘錄逐段向蘇使誦讀，由卜司長譯成俄
　　　文。備忘錄原文另附）

部長並口頭說明：

（一）關於旅順口之協定第一、二條規定，旅
　　　順軍區為中蘇兩國共同使用之海軍之根
　　　據地。此項共同使用，自不限於第三條
　　　之規定「旅順口僅由中蘇兩國軍艦及商
　　　船使用」。

（二）關於大連：大連只有在對日作戰時受旅順
　　　軍區之管制，現在對日作戰狀態既已不存
　　　在，大連自不受旅順軍區之管制。即在戰
　　　時，大連所受旅順軍區之限制，亦應以作
　　　戰之需要為限。

（三）中國政府擬令派孫桂籍君為旅順市市長，
　　　關於此事之文件及孫君之簡歷，即可送達
　　　大使館。

大使：本人當即將部長備忘錄之內容，及部長之聲明報
　　　告蘇聯政府。本人四月十日之聲明，係以關於旅
　　　順及大連之協定為根據，係自條約規定之義務而
　　　產生，故此種聲明不能變更。本人今日不預備多
　　　爭論，只擬說明如下：

（一）關於中國軍隊進入旅順軍區事，本人不能
　　　同意部長關於旅順口之協定第一、二條

之解釋。應請部長注意者，即該協定第
三條係規定中蘇兩國共同使用旅順海軍
根據地之辦法。又該協定第四條係規定
該海軍根據地之防衛，中國政府委託蘇
聯政府辦理之。

（二）至於大連，現時對日戰事雖不存在，但對
日和約尚未簽訂。依照普通國際習慣，和
約尚未簽訂，即戰爭狀態尚未結束，故旅
順軍區之軍事管制尚及於大連。

（三）關於部長所說的行政安全問題，本人上次
已經說過。現在本人再次表示，蘇軍指
揮當局對於前往旅順海軍根據地區域之
中國行政人員，不僅將予協助而且將保
證其安全。

部長：關於中國軍隊進入旅順海軍根據地事，在莫斯
科簽訂中蘇條約時，大家的精神是很明白的，即
條約本身，亦無限制中國軍隊進入旅順軍區之條
文。關於旅順口之協定第三條規定，旅順口僅由
中蘇兩國軍艦及商船使用，此係排除第三者對旅
順口之規定。最後，本人希望中蘇雙方嚴格依照
條約之規定，履行其權利義務，根據此種精神來
解決旅大問題，當可增進中蘇兩國間之友誼，而
不使此種友誼遭受損害。

大使：本人同意部長的話。要順利的解決旅大問題，
不僅須嚴格履行條約之義務，而且須履行條約的
精神。蘇聯政府希望在旅大從速建立中國行政機

構，並予以協助，即係根據以此種精神為基礎之
條約。

部長：此外，關於維克多爾事，本人最近二、三日內未
予查詢，據聞，法院方面將予維克多爾以不起訴
之處分。

大使：謝謝部長對於此事之協助。

王世杰部長致莫斯科傅秉常大使電

民國三十六年四月十七日

（特急）莫斯科傅大使，第二五七號電計達。卯灰蘇使
面交備忘錄，要點如次：（一）旅大附近及其全區內均
無政府軍隊存在。（二）旅順軍區蘇軍當局已奉令對我
民事行政人員往旅大執行職務，予以協助。（三）蘇方
不反對派遣警察前往旅大，惟其數量及駐紮地點須先徵
得旅順軍區蘇軍當局同意。（四）我派遣軍隊至旅順事
與中蘇協定不合，因該海軍根據地之防護，已由中國政
府委託蘇聯政府辦理。（五）現時尚無對日和約，對日
戰爭狀態尚未終止，故旅順軍區之統制仍及於大連。蘇
方不能同意我派軍往大連。（六）對於旅順軍區重要行
政人員之選派，蘇政府企待我方依約辦理。（七）蘇方
同意恢復擬訂中長路章程及議定該路資產委員會之工
作。準備派遣該二委員會之蘇代表來南京。（八）蘇方
認為對於現時已可能實施中蘇共同管理之中長鐵路諸路
段，尤其瀋陽至大連一段，必須立即恢復中蘇共管。當
經杰先為說明謂：限制我軍隊進入旅大，此事甚為嚴
重，中蘇條約並無不准我軍隊進入旅大之規定。該約精

神係中蘇共同防止日本侵略，無不准我軍進入旅大之理。大連雖在戰時受旅順軍區之管制，但現在對日作戰狀態已不存在，故對蘇方認為對日和約現時尚未簽訂，因而對日戰事狀態繼續存在一節，不能同意。希望在接收旅大問題上，我派往旅順之行政人員，自當依約辦理。蘇使表示旅順蘇軍當局不僅將充分協助中國行政人員執行職務，並將保證其安全等語。我復文令達。王世杰（西）。

蘇聯大使彼得羅夫致王世杰部長備忘錄

民國三十六年五月四日

對於貴部長本年四月十七日關於旅順海軍根據地、大連及中國長春鐵路港問題之聲明，本大使敬奉復如下：

蘇聯政府已悉：中國政府聲明，中國政府任命旅順海軍根據地區域及旅順市之主要民政人員，將依照中蘇關於旅順口之協定第五條之規定辦理，暨派往旅順海軍根據地區域中國警察之數量及駐紮地點問題，將由中蘇雙方代表就地協商決定。

同時蘇聯政府已悉：中國政府決定派遣董彥平中將及東北外交特派員張劍非為代表，前往大連及旅順。蘇聯政府業已訓令旅順海軍根據地蘇軍當局，對於上述人員予以必要之協助。

關於恢復中國長春鐵路擬訂章則，及議定資產委員會之工作事，本大使能奉告者，即上述兩委員會之蘇方代表，將於可能之最短期內前來南京。

蘇聯政府不反對中國政府之建議：關於中國長春鐵路

瀋陽至大連路段實施共同管理之詳細辦法，由中國長春鐵路理事會依照中蘇關於中國長春鐵路之協定議定之。惟蘇聯政府認為沒有再遲延恢復上述路段共同管理之理由。

關於中國軍隊進入旅順海軍根據地區及大連問題，本大使應補充本大使四月十日之聲明，即關於旅順口之協定第四條及第六條明白規定，海軍根據地之防護，中國政府委託蘇聯政府辦理之。蘇聯政府得建置防護上必要之設備，有權駐紮陸海空軍並決定其駐紮地點。至於共同使用旅順口為海軍根據地一節，關於旅順口協定第一條及第三條規定，旅順口為純粹海軍根據地，由中蘇兩國軍艦及商船使用。關於大連，本大使於前此聲明中業已說明，對日戰爭狀態，尚未終止。因尚無對日和約。按照中蘇關於大連之協定，海軍根據地之軍事統制，仍及於大連。

由此觀之，本大使於四月十日聲明中所敘述蘇聯政府關於以上諸問題之立場，全部與一九四五年中蘇各協定之條款相符合。蘇聯政府繼續保持此立場。關於派往大連中國警察之數量及其駐紮地點，因大連在現時受海軍根據地之軍事統制，此等問題應與蘇聯軍事當局協商。

依照中蘇關於旅順口之協定第三條，並為易於解決由該協定所發生之諸實際問題起見，蘇聯政府提議，迅即設立中蘇軍事委員會，該委員會之蘇方代表，將於最近期間派定。

　　　　　　　　　　　　　　　一九四七年五月四日

王世杰部長與蘇聯大使彼得羅夫談話紀要

民國三十六年五月五日

卜司長在座

大使：（將備忘錄向王部長誦讀，由大使館一秘伊三克
　　　逐段譯成中文，譯文另附。）

部長：本人今日無新的意見提出。本人上次所提出的幾
　　　點意見，不知蘇聯政府已予考慮否，茲再重說一
　　　遍，並請大使促請蘇聯政府予以注意。

　　　（一）依照關於旅順口之協定，旅順海軍根據地
　　　　　　區全部區域係屬中蘇共同使用地區。至於
　　　　　　旅順口僅由中蘇雙方軍艦及商船共同使
　　　　　　用，其意義在限制第三者，而非限制中國
　　　　　　政府對旅順軍區之使用權。

　　　（二）關於大連，固然現在尚無對日和約，但對日
　　　　　　戰事實際已經結束，中國軍隊之進入大連，
　　　　　　應不受任何限制，即在對日作戰時期，大
　　　　　　連受旅順之軍事管制，其意義亦僅在適應對
　　　　　　日作戰之需要，中國軍警進入大連於對日作
　　　　　　戰並無妨礙，自不應受旅順軍區之限制。總
　　　　　　之，中蘇條約所規定的義務，我們一定履
　　　　　　行，條約未規定的限制，中國不能接受。

　　　現在中國軍警進入旅大，第一無條約的限制；第
　　　二中國人民的心理，以為自己的行政機構，應由
　　　自己的軍警保護。中國剛從外國壓迫下解放出
　　　來，如中國行政機構仍在外國力量保護下工作，
　　　則必將反對。

關於成立中蘇軍事委員會一事，我方自然同意，
因本人上次聲明過，中國軍隊進駐旅順軍區事，
如蘇方在原則上同意，則其數量與駐紮地區，可
由中蘇軍事委員會商定。

大使：部長上次所說的話，經本人報告蘇聯政府，蘇聯
政府已予以深刻的考慮。蘇方認為一九四五年的
中蘇條約及其內容，須由雙方嚴格履行。蘇聯政
府的立場，完全符合於條約的規定，蘇聯政府對
於現在與中國政府所商談的問題，具有依照條約
密切與中國政府合作的決心。

旅順海軍根據地區之防護，已由中國政府委託蘇
聯政府辦理。條約未規定該地區之防護由雙方辦
理。而旅順口係由雙方共同使用。

至於大連，本人不能同意部長的解釋。同盟國對
日作戰固已結束，但戰爭的狀態尚存在，直至對
日簽訂和約時為止。這是一種國際慣例，如同盟
國對德和約尚未簽訂，則對德的戰爭狀態尚存
在。又如對五個附庸國和約第一條，即宣佈對該
五附庸國之戰爭狀態之終止。

所以對日戰爭狀態尚存在一點，是無疑義的。因
而大連仍受旅順軍區統制之限制。

蘇方現在希望，而且願意迅速成立中蘇軍事委員
會，以便解決共同使用海軍根據地諸實際問題。
希望中國警察快點進入旅順海軍根據地區，並希
望兩國在旅大有良好而密切的合作。故本人不能
同意旅大中國行政機構將在外力保護下而工作。

部長：我們承認旅順海軍根據地區之防護係委託蘇聯辦
　　　理。但本人所說的是保護行政機構的安全，及行
　　　政機構自由行使職權。我們派軍警往旅大為的是
　　　保障行政之安全，及其自由行使職權，並希望蘇
　　　方對此予以協助。該區之安全愈有保障，則中國
　　　之軍警可愈少派。

大使：安全是有保障的，本人上次已經說過。

部長：謝謝大使，但有不能不坦白說明者，倘非法武力
　　　從大連海面方面威脅中國行政機構，那時我們將
　　　不能請蘇方幫助。協助儘管協助，但我們有不能
　　　請蘇方協助者。現在一方面，蘇方請我們迅速接
　　　收旅大，恢復旅大之中國行政權；另方面，我
　　　們接收旅大，則旅大之中國行政機構不能獲得
　　　保證。

大使：本人有信心，安全可以獲得保證。旅順軍區全部
　　　區域內無非法武力之存在。

部長：本人現在不擬多予討論，想將今天的話歸納為
　　　三點：

　　（一）中國政府有派軍隊進駐旅順軍區之權，派往
　　　　　大連之軍警數目，由中國政府自行決定。

　　（二）派往旅順軍區之中國軍警數目，可由雙方
　　　　　代表就地商定。

　　（三）中長鐵路由瀋陽至大連一段可在旅大中國
　　　　　行政權恢復後，開始共同管理。

　　　本人將盡力根據合作精神，使此問題獲得解決，
　　　此事不宜久拖，本人當於最短時期內答復閣下。

大使：本人今天除已作之聲明外，無別話補充。本人今
　　　天所作之聲明，係以合作的精神為根據，並希望
　　　旅大問題解決，愈快愈好。

大使：本人還有一問題，擬順便向部長提出者，即近來
　　　在天津及上海開始出版一種白俄的法西斯式的報
　　　紙。該項報紙與舊俄份子有關，其目的在以惡言
　　　攻擊史大林，及挑撥中蘇關係。因此種報紙在中
　　　國出版，係獲得中國政府之許可，本人茲特表示
　　　抗議，並請貴部長設法停止此項刊物，處罰其負
　　　責人，並請以後不准此種報紙出版。

部長：本人還不知此事，當予調查。

卜道明司長接見蘇聯參事費德林談話要點

民國三十六年五月十日

一、閣下四月三十日口頭答復本人，關於旅順海軍根據
　　地區內蘇軍數目及其駐紮地點之詢問謂：關於根據
　　旅順口之協定，並無通知此種材料之規定等語。本
　　人茲奉復閣下如下：「旅順海軍根據地為中國領土
　　之一部份，蘇聯政府係依條約受中國政府之委託而
　　防護該區域。蘇聯政府在該區域內有關防護之各事
　　項，包括駐紮地點之一切情形，自有通知中國政
　　府之義務，茲再請蘇聯政府將前次本人所詢之事
　　見告。」

二、蘇聯大使彼得羅夫先生於五月五日與本部長談話時
　　稱：「近在天津及上海出版之俄文報紙，有挑撥中
　　蘇情感之言論。」等語。外交部對於此事，正不斷

予以注意。但依照中國現行法律，人民有言論出版之自由。中國政府業已取銷在報紙出版前預先施行檢查之辦法。倘報紙有觸犯法律之言論，我政府自當依法處理，但政府不能作法外之干涉。

同時，本人有不能不向閣下聲明者，近數月來，實際上代表蘇聯政府之蘇聯報紙，不斷刊載關於中國情形的片面的報導，並時著論反對中國國民政府。此種情形，與中蘇條約之精神不符，極可損害中蘇間現存之友好關係。希望蘇聯政府對於蘇聯報紙之此種態度，能切實料正。

三、本年四月三十日晚，我駐新西比利亞總領事館之代表張結珊君曾被該處地方當局邀請參加五一勞動節慶祝大會。在慶祝大會上，該地方當局之代表尼基青在演辭中稱：「蔣介石得美帝國主義之支持，而與中國民主勢力進行戰爭。」等語。此種言辭，顯然含有侮辱蔣主席之意義，且於邀請我總領事館之代表出席之集會中，由蘇聯之官員發表，尤使吾人詫異。本部尚正去電續查此事，請閣下轉達貴大使予以注意。

外交部致蘇聯大使彼得羅夫備忘錄

民國三十六年五月十二日

貴大使本年五月五日關於旅順海軍根據地區域、大連及中國長春鐵路諸問題之備忘錄，本部長茲再就該備忘錄聲明各點，奉復如下：

關於蘇聯政府業已訓令旅順蘇軍當局，對中國政府派往旅大視察之董彥平中將、張劍非特派員及其隨員等予以必要之協助一節，中國政府業經閱悉。董、張二君及其隨員約十人定於最近期內，乘中國軍艦前往旅順海軍根據地及大連市，視察該兩地區一般情形，以為中國政府在該兩地區恢復行政權之準備。關於彼等啟程日期，外交部將再行通知蘇聯大使館。

關於中國長春鐵路由瀋陽至大連一段實行共同經營一事，蘇聯政府同意中國政府之建議，將其實施詳細辦法由中國長春鐵路理事會議定，中國政府業已閱悉。中國政府於恢復旅大行政權後，亦不願此事實現之延遲。

關於中國軍隊進駐旅順海軍根據地區事，中國政府仍保持本部長於四月十七日備忘錄中所申述之立場。中蘇關於旅順口之協定第一條既明白規定「兩締約國共同使用旅順口，為海軍根據地。」該協定第二條復明白規定「海軍根據地區之正確界限，應依所附之說明及地圖之規定。」足見中蘇共同使用之區域為旅順海軍根據全部區域，並非限於該區域內之旅順港口。該協定第三條規定旅順口「僅由中蘇兩國軍艦商船使用」。意在限制任何第三國船舶使用該港，並非謂中蘇共同使用之範圍限於該港，中國政府自有在該海軍根據地區駐紮軍隊

之權。至此項中國軍隊在該海軍根據地區之數量及駐紮地點問題，本部長業經聲明，可由中蘇軍事委員會商討決定。

關於中國軍隊及警察進駐大連事，本部長茲對本部長四月十七日之聲明，特再鄭重補充說明，以期迅獲蘇聯政府之完滿了解。依照中蘇條約，大連在「僅於對日作戰時」受旅順海軍根據地所設定之軍事統制。但對日戰事，實際上業已結束，實為無可否認之事實，因之任何軍事統制之設，實際上決非必要。且即在對日作戰時期，旅順海軍根據地對大連雖可設定統制，惟此種統制既因戰事而設定，自亦應以適應中蘇共同對日作戰之需要為限。中國軍警進駐大連，以維護其行政之自由與安全，不論在何時期顯然不能視為妨礙對日作戰之需要。中國政府認為中蘇條約之根本精神，在使締約之雙方，一本互助合作之精神，以共同抵制日本侵略之再起。依此精神，則締約之任何一方，實不可就條約中任何未及詳定之事項，故作牽制他方之解釋。中國政府對於派軍警進駐大連一事，仍維持本部長前次備忘錄所聲述之決定。

中國政府對於蘇方所提從早成立中蘇軍事委員會之議，願表同意。同時，中國政府認為中蘇政府，如對上述基本問題有一致之了解，該委員會之組織始有順利推進其工作之可能。

　　　　　　　　　中華民國三十六年五月十二日於南京

王世杰部長與蘇聯大使彼得羅夫談話紀要

民國三十六年五月十二日

卜司長在座

部長：（將答復蘇使之備忘錄逐段向大使說明，由卜司
　　　長譯成俄文，備忘錄稿另附。）

大使：關於董、張二君等赴旅大視察事，蘇政府已訓
　　　令旅順蘇軍當局，予彼等以必要之協助，並保證
　　　彼等執行視察任務。關於中長鐵路瀋陽至大連一
　　　段之共管事，蘇方認為無延遲實行之理由，現在
　　　貴方表示亦不願此事實現之延遲。本人並不見有
　　　延遲成立旅順中蘇軍事委員會之理由。本人認為
　　　此委員會成立越快越好，越有利於現時已成熟之
　　　諸實際問題之解決。至中國軍隊進駐旅順海軍根
　　　據地區事，本人無新的意見奉告。蘇聯政府認為
　　　該區防護由中國政府委託蘇聯政府辦理，已有條
　　　約規定，無變更之理由。至於大連，因現時對日
　　　戰爭狀態尚存在，大連尚受旅順海軍根據地區之
　　　統制。可惜對上述二問題，雙方意見尚未一致。
　　　但此情形，不妨礙中國政府在旅大建立其行政機
　　　構，且不妨礙從速成立旅順中蘇軍事委員會，以
　　　解決實際問題。其他的話，上次已說過，今天不
　　　重複。總之，雙方應依照一九四五年之中蘇協定
　　　解決問題，不脫離此協定，此點很重要。至於部
　　　長今天的聲明，本人當即報告蘇聯政府。

部長：關於旅大問題，我們已經商談過相當長的時間
　　　了。關於我軍進入旅順海軍根據地區事，本人以

為雙方的意見相差不太遠。我以為我的立場，不僅未超過條約，而且如果欲作於自己有利之解釋，則我之立場將非如此。關於大連，我上次向大使說過，我們只派二個旅及若干警察，如安全有保障，不擬增加。撇開一切爭辯，即就情理而言，蘇方不同意我方之見解，使我方很難了解其不同意之理由。如中國軍警不能自由入駐大連，使我們很難接收大連。董彥平、張劍非二君及其隨員赴旅大之任務係視察一般情形，報呈政府，以作恢復旅大行政權之準備。如雙方對基本問題有一致之了解，彼等可在當地就恢復中國行政權及完成接收之諸具體問題，與蘇方交換意見。請大使報告蘇聯政府，促其對本人所申述之意見予以充份之考慮，以便旅大接收問題，不再遭受波折。

大使：最重要的一點，即本人並不見有恢復旅大中國行政權之阻礙之存在。本人希望迅速成立旅順中蘇軍事委員會，迅速開始共同管理中長鐵路，迅速將中國警察開入旅大，至於別的問題可以逐步解決。

部長：阻礙是有的，本人上次已向大使說過：第一、旅大情形特殊。第二、我們恢復旅大行政權，一方面希望蘇方幫助，同時希望以中國自已軍警的力量保護自己的行政權。蘇方對於此點，不應有異議。（完）

外交部致莫斯科傅秉常大使電

民國三十六年五月十三日

莫斯科傅大使：第二九二號電計達。我復文已於辰文交蘇使。其要點如次：（一）董、張二君及其隨員定於最近期內乘中國軍艦前往旅大視察一般情形，以為恢復行政之準備。（二）關於中長路瀋陽大連段實行共同經營事，我聲明於恢復旅大行政權後，亦不願此事實現之延遲。（三）關於我軍進駐旅順軍區事，我仍保持四月十七日備忘錄所申述之立場，並引申旅順口協定第一、第二兩條之意義，說明中蘇共同使用之區域為旅順海軍根據地全部區域，該協定第三條之規定，意在限制任何第三國船舶使用該港，並非謂中蘇共同使用之範圍限於該港。（四）關於我軍警進入大連事，對蘇方所持異議之理由，經於駁復，仍維持前次備忘錄我所聲述之決定。並補充說明，對日戰事實際業已結束，任何軍事統制之設定，實際上決非必要，且即在對日作戰時期，旅順海軍根據地對大連雖可設定統制，自亦應以適應對日作戰之需要為限。我軍警進駐大連，以維護我行政之自由與安全，不論在何時期，顯不能視為妨礙對日作戰之需要。（五）我同意蘇方所提從早成立中蘇軍事委員會之議，但認為中蘇政府如對上述基本問題有一致之了解，該委員會始有順利推進其工作之可能。特達。外交部（西）。

莫斯科傅秉常大使來電

民國三十六年五月十八日

第四〇二號，十八日。急。南京外交部部、次長：299號電敬悉。十六日晚往晤蘇聯外部次長瑪利克向其說明關於接收旅大事，蘇方如對我派軍警仍持異議，我將視為無法接收，勢必引起中國人民之反感，情勢必極嚴重，希望蘇聯政府能充分了解，對我軍警自由進入大連事，取消反對之意。瑪答稱：華方派警察赴大連，蘇方已予同意，彼得洛夫大使已將此事面告王部長。常謂蘇方雖同意華方派警察赴大連，惟其數目仍須蘇方同意，大連為我領土，我應有自由派軍警之權。瑪答對日和約未締結前，大連仍受旅順軍區之統制，民事行政須俟蘇方同意，關於華軍進入旅順海軍根據地彼得洛夫對王部長已詳細談過，按條約規定，該海軍根據地由中國政府委託蘇軍擔任防禦，華軍進入該地，在條約內未有規定，蘇軍擔任防禦事宜，如有不歸其指揮之軍隊進入該地，自難完成其任務，華軍施行進入該地，任務係在民事行政方面，故防區警察已可完成其任務。常謂大連為自由港，條約未規定不准華方派軍隊前往，同時區內有反政府軍，我方行政人員前往，如賴蘇方擔任保護之責，將引起國人不滿。對日和約雖未締結，惟戰爭停止已一年，請轉達蘇聯政府對此重加考慮。瑪答該區內有反政府軍隊之說，與事實不符，該區除駐蘇軍外，並無任何軍隊，對日和約未締結前，按法律尚未結束戰事狀態。常謂對日戰事早已停止，友邦間應無戰事狀態。瑪答友邦間本無戰事狀態，惟大連現為自由港，派軍有何

目的？常謂該區附近地點，仍有反政府軍隊。瑪答該區
附近為政府軍，蘇方軍人與政府軍軍人間彼此亦有接
洽。常謂反政府軍時易集合，各地均曾發生此事。瑪答
在大連無此可能。常最後請其將我方軍警自由進入大連
事轉達蘇聯政府再加考慮，瑪答蘇聯政府答復已由彼得
洛夫轉達，彼允將常意所述各節，轉達莫外交部長。傅
秉常。

外交部致蘇聯代辦費德林照會

民國三十六年六月二十五日

逕啟者：中國政府派遣視察旅大情形之董彥平中將、張
劍非特派員等，於本年六月三日抵達旅順，曾就視察項
目、視察日程等，於六月四日、六月六日與旅順海軍根
據地區蘇軍當局會商兩次，於六月七日始開始一部份視
察工作。但因該員等旋遇諸種障礙，未能獲得蘇方所預
允給予之協助，其視察任務，遂未能完成。該視察團全
體人員，已於六月十二日離開旅順。茲將董彥平中將等
報告中之要點略述如下：

一、六月七日在旅順蘇軍當局監督下建立之地方行政機
　　構「關東公署」，以董彥平中將未拜會該公署為藉
　　口，拒絕董中將所派人員關於視察之要求。同時蘇
　　軍當局聲明因該公署為民選機構，蘇軍當局不便強
　　令其接受視察。六月十一日該「關東公署」雖表示
　　可接受彼等視察，但仍多方拖延，使彼等終究未得
　　視察北方現有行政機構。

二、六月十日董彥平中將所派視察人員，由蘇方所派聯

絡官陪同前往「大連市政府」接洽視察時，該「市
政府」代表又以未奉「關東公署」命令為藉口，拒
絕視察。大連蘇軍當局且以大連無「安全飲食」為
詞，致使赴大連之全體視察人員，幾至整日未獲供
給飲食。又六月十日董彥平中將等原定乘中國「長
治」軍艦赴大連，因蘇軍當局攔阻，該軍艦遂未獲
前往大連。視察人員乃改由陸路前往大連。當彼等
自大連乘火車抵金州，由大連蘇軍司令等陪同巡視
車站附近地區時，復為服警察制服之華籍武裝人員
所阻止。

三、旅順海軍根據地區內有若干地區如東港、石河驛以
　　南十二公里地區，及營城子附近地帶，均因蘇軍當
　　局之阻止，未獲視察。

根據以上所述董彥平中將等之報告，中國政府認為蘇聯
政府所聲明允對中國政府所派視察旅大人員予以充分協
助，俾彼等能自由執行其任務一節，在事實上未能實
現，不能不引為深憾。同時，上述諸種事實，更加證實
中國政府對於恢復旅大中國行政權所作之決定，即為切
實保障行將恢復之中國行政權，得以自由行使職權起
見，中國政府認為派遣足量之軍警，進駐旅順海軍根據
地區及大連，實為必要。至於中國政府依照中蘇友好同
盟條約有權派遣軍警進駐上述地區一節，本部長已一再
照會貴國駐華大使，茲不復述。

為此，中國政府特再鄭要重要求貴國政府對於本部長
本年五月十二日關於接收旅大行政之備忘錄，迅予同
意並惠復。

本部長順向貴代辦表示敬意。

此致蘇維埃社會主義共和國聯邦駐華大使館代辦費德林閣下。

外交部長　王世杰

中華民國三十六年六月二十五日　於南京

蘇聯代辦費德林致王世杰部長照會

民國三十六年八月四日

逕啟者：接准貴部長本年六月二十五日照會，茲奉蘇聯政府之命，奉覆如次：

一、旅順海軍根據地區域蘇軍指揮當局方面，對於董彥平將軍之視察團，曾予以視察旅順海軍根據地區域、大連情況，以及獲取所需各種資料之充分之可能。

二、董彥平將軍所稱，視察團未能視察當地自治機構之工作情形一節，查與事實不符。當地臨時行政機構諸首長，在董彥平將軍視察團到達旅順之日，曾正式與該團晤見，而在六月六日，當地自治機構諸首長（關東公署主席、各市長、各縣縣長），復曾應邀參加旅順海軍根據地區域司令官貝洛波洛托夫將軍歡迎董彥平將軍之宴會。董彥平將軍及其視察團具有一切可能建立必要的私人間之連繫，以及對於當地自治機構之工作作最詳盡之視察，但董彥平將軍視察團諸團員並未表現其意圖利用此項可能。例如，彼等之所以未視察大連市市政府情形，僅由於彼等輕視該市政府之諸正式首長，不願視彼等為主

管之人員而與其談話。董彥平將軍視察團諸團員甚
至並未以其訪問市政府之目的告知大連市市長。

三、蘇軍當局對於董彥平將軍及其視察團團員之視察
　　機車修理廠、機車、客車及貨車貯藏庫、旅順、大
　　連、金州二十里臺沿線鐵路附屬事業、大連港及其
　　碼頭、「大連船塢」造船廠等處情形，視察旅順及
　　大連城市，各種企業及其他等等均曾予以協助。
　　董彥平將軍所稱，視察團巡視金州車站附近地區
　　時，為服警察制服之華籍人員所阻止一節，其中不
　　無誤會，並顯係具有成見。事實上視察金州一節，
　　在董彥平將軍親自所訂之計畫中並未載明，因之地
　　方當局，對於董彥平及其視察團之擬往該地視察並
　　未接洽，是以不能預料董彥平將軍偕其視察團將徒
　　步前往金州城，因之，當地警察對於彼等所未悉
　　之徒步至該城者，加以注意，而請其出示證件實
　　屬自然。此種誤會，一經陪同前往之蘇軍當局代表
　　說明，迅即解除。視察團當可一無阻礙的前往金州
　　城，但董彥平將軍自行辭赴該城。

四、董彥平將軍關於視察東港之要求，未獲蘇軍當局首
　　肯，因彼時該地蘇軍部隊正在舉行演習。至於視察
　　營城子一節，董彥平將軍本人及其視察團團員，均
　　未提出此一問題。

五、關於大連蘇軍當局於六月十日以大連無「安全飲
　　食」為詞，致使赴大連之全體視察人員整日未獲供
　　給飲食一節，顯與事實不符。事實上無論蘇軍當
　　局，以及任何其他方面人員，均未作類似之聲明。

董彥平將軍視察團於上午十一時到達大連，十四時出發前往金州。自大連回程途中，在金州車站上，科然諾夫將軍曾建議董彥平將軍視察團進用茶點，但各團員托詞尚未飢餓，拒絕此項建議，此為當時實際情形。

六、關於乘砲艦往大連問題，董彥平將軍於六月九日曾表示希望於最近某一日內乘其砲艦前往大連。貝洛波洛托夫將軍建議乘汽車或輕油火車。董彥平將軍答稱，彼將與艦長諮商，請將此項問題認為尚待解決者。但其後董彥平將軍及其團員均未重行提及此一問題。

董彥平將軍及外交部特派員張劍非先生於結束視察旅大時，與蘇方正式代表會談中，對於蘇軍當局所予董彥平將軍視察團之協助，曾表示滿意。

上述各項事實，證明貴部長照會中關於旅順蘇軍當局對於董彥平將軍視察團未曾予以協助之聲明，不能成立。

七、關於中國民事行政機構問題，蘇聯政府僅能重申其迭次之聲明，即中國政府可隨時並迅速將其在旅順海軍根據地區域及大連建立民事行政權之決定，付諸實施，且為成交立此種行政機構，並不需要派遣中國軍隊前往。為維持上述地區之社會安寧及秩序，以及為保障民事行政機關之安全，派遣中國警察進駐，即已足夠。蘇聯政府對於此點，早已表示同意。至蘇聯軍事當局為保障旅順海軍根據地區域，及大連中國民事行政機構之安全，並為隊於該

行政機構予以必要需之協助所能採取之種種措施，
更無論矣。本代辦順向貴部長重表崇高之敬意。此
致外交部部長王世杰博士。

蘇聯駐華代辦費德林　一九四七年八月四日於南京

塔斯社聲明

民國三十六年八月二十九日

中國外交部近日關於旅順海軍根據地區域及大連港之
情況及在該兩地建立中國民事行政權問題發表公報。
中國外交部在該公報中稱，蘇聯政府不同意中國軍隊
進入旅順海軍根據地區域及大連，似曾阻礙中國政府
在該兩地建立民事行政權，並因此似使中共得以在旅
大近郊建立其武力。在該公報中指出，派遣中國軍隊
進入旅順海軍根據地區域及大連似為在該兩地建立中
國民事行政權之必要條件。在該公報中並稱，董彥平
將軍率領最近訪問旅順海軍根據地區域及大連之中國
政府代表團，於遂行其所負任務時，似未獲得蘇聯軍
事當局方面必需的協助。
該公報繼援引一九四五年八月十四日中蘇條約之換文，
提出蘇聯政府對於中國負有予以道義上及軍需品之援助
及尊重中國在東三省（滿洲）之主權之義務。
塔斯社受權對於上述中國外交部公報聲明如次：
本年四月間塔斯社曾發表正式聲明，尚在一九四五年
十二月及一九四六年一月駐滿洲蘇軍當局即曾通知中國
政府在滿洲之代表，關於中國在大連建立民事行政權，
準備予以一切協助，並表示，對於中國政府任命之大連

市長亦準備予以必需的協助。蘇軍當局彼時雖曾接獲中
國政府關於任命大連市長之正式通知，而該市長並未前
往該地。

一九四六年十二月三日，蘇聯政府向中國政府提出在
大連及旅順海軍根據地區域建立中國民事行政權問
題。蘇聯政府因未獲答覆，乃於一九四七年三月七日
再度向中國政府建議，從速依據一九四五年八月十四
日所訂中蘇協定，在旅順海軍根據地區域全區及大連
建立中國民事行政機構。在爾後歷次之談判中，蘇聯
政府保證蘇聯軍事當局方面，對於中國民事行政機構
之執行職權，予以協助。

由於上述，可見中國外交部所稱，蘇聯政府似曾阻礙在
旅順海軍根據地區域及大連市建立中國民事行政機構一
節，與事實不符，並使不明瞭實際情形者，益為迷惑。
中國外交部所稱，因在海軍根據地區域內無中國政府
軍隊，似使中共得以在旅大近郊建立並發展其武力，
亦缺乏根據。中國外交部知悉無論在旅大近郊，抑在
海軍根據地區域全區內，過去及現在，均無中共任何
武力存在。

至於中國政府擬派中國軍隊進入旅順海軍根據地區域，
則與關於旅順口協定第四條所稱：「上開海軍根據地之
防護，中國政府委託蘇聯政府辦理之。上開海軍根據地
必要之設備，其費用由蘇聯政府自行負擔」不合。此
外，在關於旅順口協定第六條中稱，蘇聯政府有權在海
軍根據地區域內駐紮「海陸空軍並決定其駐紮地點」。
該協定並未規定在旅順海軍根據地區內駐紮中國軍隊。

在關於大連之協定內亦未規定中國軍隊之在大連市駐
紮，並依照該協定，大連於對日作戰時受海軍根據地區
域所設立之軍事統制。因現無對日和約，對日戰爭狀態
尚未終止，海軍根據地之統制，當延及於大連。

蘇聯政府對於其所負國際義務，向來忠實履行，此次亦
認為必須嚴格遵守上述中蘇關於旅順及大連各協定之條
款，並認為確切忠實履行此項條款為雙方之義務。中國
政府主張派軍隊進入旅順海軍根據地區域及大連，係違
反上述協定。

中國外交部公報中所稱，旅順海軍根據地區域內如無中
國軍隊，中國民事行政機構似將不能執行其職務一說，
亦不能成立。旅順海軍根據地區域及大連之社會秩序以
及民事行政機構之安全，盡可以中國警察力量維護之，
而蘇聯政府對於彼等之進駐旅大，業已表示同意。

中國外交部所稱，最近訪問旅順海軍根據地區域及大連
之董彥平將軍視察團，未獲蘇軍當局方面之協助一節，
與事實不符。據旅順海軍根據地蘇軍當局代表之正式報
導，對於董彥平視察團考察旅順海軍根據地區域及大連
之情況，曾予以充分便利。對於該視察團視察各社會團
體、工業、企業以及鐵路運輸及大連港港務工作，均曾
予以協助。對於董彥平將軍所注意之其他問題，亦曾供
給情報。董彥平將軍及中國外交部特派員張劍非離旅順
之前夜，於其與蘇聯官方代表會談中，曾對於蘇軍當局
方面予董彥平將軍視察團之協助，表示滿意。

至於中國外交部公報中所稱，關於蘇聯政府同意給予中
國以援助及軍事協助以及尊重中國在東三省（滿洲）之

主權一節，則此項義務，蘇聯業已全部履行。因曾以其
武裝力量將上述中國東三省自日本帝國主義手中解放，
並其後將其軍隊自各該省撤回。

根據上述各節，可見中國外交部公報有意歪曲事實，不
得不視為意在促進目前在中國推行之反蘇運動，而對此
項運動則若干中國人以及與其接近之外國人士似極感興
趣，蓋欲以之轉移對於國內問題之注意也。

王世杰部長致蘇聯代辦費德林照會

民國三十六年十一月二十日

逕啟者：前准貴代辦本年六月二十八日關於中國軍警進
駐旅大問題之備忘錄，及本年八月四日關於董彥平將軍
視察旅大情形之照會，均經閱悉。來照所稱關於董彥平
將軍等視察旅大各情形，經本部詳細查覈，殊與事實不
符。本部長除將來照與事實不符之點，另以附件說明
外，茲就旅大中國行政權之恢復一事，再行奉覆如次：
中國政府對於恢復旅大中國行政權事，極望早日獲得解
決。為切實保障旅大地區中國行政機構之安全，並使其
行政人員得以自由行使職權起見，中國政府認為必須派
遣足量之軍警進駐上述地區。但蘇方對於中國政府之此
項意見迄未同意。因之，旅大中國行政權之恢復問題，
久懸未決。中國政府對此深表遺憾。

中國政府對於恢復旅大行政權一事所持之立場，及其
決定派遣軍警進駐旅大地區所持之條約上與事實上之
根據，已由本部長在本年五月十二日之備忘錄及六月
二十五日之照會中詳予敘述。中國政府繼續保持此項與

中蘇條約之條文及精神完全相符之立場與決定。

為使旅大中國行政權之恢復問題，迅獲解決起見，本部長茲重請貴國政府對於中國政府所提關於派遣軍警進駐旅順海軍根據地區及大連之要求予以諒解，並迅予同意。

本部長順向貴代辦重表敬意。此致蘇維埃社會主義共和國聯邦駐華代辦費德林先生。

外交部　部長　王世杰

中華民國三十六年十一月二十日於南京

附件：關於董彥平將軍率領之視察團視察旅大地區之事實說明一份。

關於董彥平將軍率領之視察團視察旅大地區之事實與說明：

（一）董彥平將軍率領之視察團在逗留旅順期間，除對鐵路暨大連港口設備，以及蘇軍當局直接管理下之少數工廠，曾作有限度之視察外，並未自蘇軍指揮當局方面，獲得視察工作所必需之充份協助，以及自由搜集所需各種資料之可能。

（二）董彥平將軍暨其視察團團員，曾屢次試與旅大地區臨時行政機構之負責人士，取得私人間聯繫，但均無成就。例如，董彥平將軍曾擬派視察團團員王洽民先生拜會遲子祥氏，未獲遲氏之同意。六月十日董彥平將軍復派王洽民先生會同蘇軍聯絡官拜訪大連市市長，並擬與彼作有關大連情形之談話，亦被拒絕。上述事實，證明董彥平將軍及其視察團並未能獲得與當地臨時行政機構負責人員，建立必要的私人間聯繫之可能。

（三）關於視察金州一節，在視察團與蘇軍指揮當局所
洽定之視察細目單，及視察日程中均經載明，並由蘇方
派大連蘇軍城防司令科然諾夫少將陪同前往視察。當視
察團在金州附近地區，被服警察制服之華籍人員阻止
時，雖經蘇軍當局代表向該警察等證明視察團人員之身
份，但視察團僅獲得前進三十步之准許。視察團以此種
苛刻之限制，實與被就地阻止前進無異，故未予接受。
按照董彥平將軍與蘇軍指揮當局所商定之視察日程，董
彥平將軍原計劃視察鐵路沿線之三、五村落。營城子位
於鐵路沿線，自可視為包括於視察項目之內。視察團於
六月十日乘火車經過營城子時，曾向隨行之蘇軍當局代
表科然諾夫少將提出視察該地附近農村之要求，但科少
將以該地駐有蘇軍不便前往為詞，予以拒絕。

董彥平將軍關於視察東港之要求，曾遭貝洛波洛托夫將
軍之拒絕。貝將軍當時並未說明不可前往之原因，係該
地蘇軍部隊正在舉行演習。

（四）關於大連蘇軍當局以無「安全飲食」為詞，致使
在大連之視察團人員整日未獲供給飲食一節，當時事實
經過如下：視察團按照視察日程，原定於六月十日上午
九時乘汽車前往大連，但以蘇方準備交通工具未妥，延
至十一時，猶未克啟行。此時，蘇軍總聯絡官安頓諾夫
少校聲稱，大連方面不能負責供給安全性之飲食，須俟
在旅順用畢午膳後再行。視察團當以時間不敷分配，對
安少校之建議，未予同意。視察團人員在大連果未獲進
用任何飲食之機會。科然諾夫少將在金州車站亦未向視
察團作任何進用茶點之建議。鐵路當局曾擬以白水相

款，且遭科少將之反對。

（五）關於視察團擬乘中國軍艦前往大連問題，董彥平將軍曾於六月九日向貝洛波洛托夫將軍提出。貝將軍答謂，此事困難甚多，海上事甚複雜，並以肯定之語氣向視察團建議改乘汽車或輕油火車前往大連。其不同意視察團乘中國軍艦前往大連之意，至為明顯。視察團當以航行安全未獲蘇方切實保證，其後遂未再行堅持乘中國軍艦前往大連。

蘇聯代辦費德林致王世杰部長照會譯文

民國三十六年十二月二十二日

逕啟者：接准貴部長一九四七年十一月二十日關於旅順大連問題之照會，茲奉復如次：

蘇聯政府對於中國軍隊進駐旅順海軍根據地區域及大連問題之立場，已由大使於一九四七年四月十日，及五月五日之各備忘錄中詳予敘述。蘇聯政府繼續保持此項立場，並對中國政府關於該問題與一九四五年八月十四日中蘇各項協定相牴觸之觀點，不能予以同意。

蘇聯政府對於旅順海軍根據地區域，及大連市中國行政機構之建立，未見有拖延之理由；並對中國政府迄今未採取措施，以建立中蘇關於旅順口及大連之協定所規定之上述地區之中國行政機構表示遺憾。

至關於董彥平將軍及其視察團視察旅大之實際情形一節，大使館已於一九四七年八月四日之照會中，予以充分之說明矣。

本代辦順向貴部長重表崇高之敬意。此致外交部部長王

世杰博士閣下。

蘇聯駐華代辦費德林（簽字）

一九四七年十二月廿二日於南京

四　外交部對旅大接收問題發表公報

民國三十六年六月二十五日

關於旅大接收問題之交涉經過，外交部茲於本月二十五日發表公報如左：

一、中國政府自日本投降後，於一九四五年十月著手接收東北之際，即決定派遣若干軍隊在大連登陸，首先接收旅大行政。詎蘇聯政府藉口大連為一自由商港，堅決反對中國政府派兵在大連登陸。因此，中國政府依約接收旅大行政之第一步，即遭受阻礙。查一九四五年八月中蘇友好同盟條約，規定大連為一自由商港，其意義係指過境貨物得免除過境稅，與中國軍隊之入駐大連無關。大連主權及行政之屬於中國，曾經該約明白規定。中國行政權除經條約明定者外，自不受任何其他限制。該約並無限制中國軍隊入駐大連之任何明文。故中國政府派兵由大連登陸，決不違反中蘇條約。外交部當時實根據上項理由，對蘇方之見解，予以嚴正之駁復。

二、當時因蘇方之阻抗，中國軍隊未能入駐大連，旅大行政之接收遂無法進行。因當時旅大尚均在蘇軍佔領中。自蘇方拒絕中國政府軍隊由大連登陸後，中國共產黨之武力乃在旅大附近迅速發展。此種武力之存在與發展，使得中國政府自陸地上接收旅大，

亦受重大阻障。

三、本年三月，蘇聯曾表示希望中國政府在旅大建立其
　　行政權。中國政府當經剴切聲明謂，中國政府所以
　　未能接收旅大，其原因為以上所述之兩種阻礙。

四、最近三個月來，外交部關於接收旅大事，曾與蘇
　　方多次交涉。蘇方聲明：在大連及旅順海軍根據地
　　全部區域內，無任何反中國政府之武力存在。蘇方
　　保證中國政府派往旅大行政人員之安全，並使其能
　　自由行使職權。中國政府派往旅順之武裝警察數目
　　及其駐紮地點，應由雙方就地商定，至於中國政府
　　決定派遣軍隊進駐旅順海軍根據地區事，因依照中
　　蘇條約，該海軍根據地之防護，已由中國政府委託
　　蘇聯政府辦理，故蘇聯政府表示不能同意。又關於
　　中國之軍警進駐大連事，蘇方藉口以當時對日戰爭
　　狀態尚未結束，依照中蘇條約，大連仍應受旅順海
　　軍根據地區域之軍事管制，因此蘇聯政府認為中國
　　軍隊現在不能進入大連，中國只可派警察赴旅順大
　　連，且須由中蘇雙方協定其數量與駐紮地點。外交
　　部以依照中蘇條約中關於旅順口之協定，旅順海軍
　　根據地全部區域均為中蘇「共同使用」之地區，認
　　為中國當然有權派軍隊入駐旅順軍區。故對蘇方認
　　為中國軍隊不能入駐旅順之解釋，表示不能同意。
　　至於中國軍隊進駐大連事，依照中蘇條約在「對日
　　作戰時」，大連固受旅順軍區之管制，但日本投
　　降已一年有餘，所謂「對日作戰」之事實，實際
　　上已不存在。且即在「對日作戰」時，中蘇條約亦

無限制中國軍隊進入大連之條文。旅順軍區對大連之管制，在「對日作戰」時，亦應僅以適應中蘇共同對日作戰之需要為限。我國軍隊警察進駐大連，以維護其行政之安全，即在「對日作戰」時當亦不能視為與共同對日作戰之需要，有何妨礙。故外交部對於蘇方之見解，曾迭次以書面嚴正表示不能同意，並要求蘇方對於中國派遣軍隊入駐旅大之決定，能充分諒解，蓋在現時情況之下，旅大區域隨時可受反抗政府之武力威脅或襲擊，中國政府為確保行政人員之安全與自由，在條約上固有派遣軍隊之權，在實際上亦有此需要也。但蘇方仍不表示同意。

五、我政府乃一面與蘇方繼續交涉，一面派董彥平等赴旅大視察地方情形，以為恢復旅大行政權之準備。關於派員視察一事，我方曾於事先商得蘇方之同意，蘇方並表示對董彥平等之視察，願予以充分之協助，使其能自由執行視察之任務。但董等抵旅順後，因未能獲得蘇方預先給予之協助，兼受當地所謂地方行政機構之阻撓，其視察任務，遂未能達成。此一視察之結果，尤足證明如無足量之中國軍警入駐旅大，中國行政人員將無法行使其職權。

六、總之，旅大行政，至今未能由中國政府接收，（一）由於蘇聯政府一再拒絕中國政府軍隊入駐旅大，（二）由於自蘇方拒絕中國政府軍隊由大連登陸後，中國共產黨在旅大附近成立甚大之武力，以阻撓中國政府之接收。中國政府於此不能不鄭重喚

起蘇聯政府對於中蘇條約內次列兩項條文所規定之基本義務，特予注意：

1. 「蘇聯政府同意予中國以道義上與軍需品及其他物資之援助，此項援助，當完全供給中國中央政府，即國民政府。」

2. 「蘇聯政府以東三省為中國之一部份，對中國在東三省之充分主權，重申尊重，並對其領土與行政之完整，重申承認。」

中國政府深望蘇聯政府顧念其上述之義務，對於條約中無明白規定之事，不曲加解釋，以破壞中國主權與行政之完整，阻撓旅大行政之接收。中國政府願本友好精神繼續交涉，以求取彼此見解之一致。同時，中國應鄭重聲明，中國政府派遣軍警接收旅大行政之權，既無條約限制，中國政府自得隨時決定行使其權利。

中華民國三十六年六月二十五日南京

五　旅大視察文電及報告

長治艦張劍非、董彥平來電

民國三十六年六月十一日

南京外交部部長王：巳灰（六月十日）上午全團赴大連，由蘇聯大連司令陪同巡視市區並視察船塢。十五時，由蘇司令及鐵路分局長等陪同乘專車至金州，擬離站巡視附近地區，為武裝偽警所阻。擬在營城子下車，訪問農村，亦未獲蘇司令同意，遂逕前進至二十里臺站換軌折回旅順。王洽民於十三時在大連僅視察一、二商店而返。謹電鑒察。職董彥平、張劍非巳真（26）。

國防部快郵代電

民國三十六年九月二十三日

外交部王部長雪艇兄勛鑒：西 36 第一八六四三號代電暨蘇大使館照會譯文抄件均悉。據審查其照會含意，不外迫我承認共匪在旅大區之行政權，同時拒我軍隊之駐入，使我接收空有其名，而一切主權仍操蘇聯手中，而對我聲明，則巧言遁辭。然我視察團在旅大視察時，蘇方未予善意之協助，事實至明。我方似應基於下述理由，繼續交涉：（一）在保護視察團員安全之藉口下，各團員之行動均被監視。（二）旅大受非法武力之控制，為接收主權之完整起見，堅持進駐我國軍隊，以策安全。（三）大連根據中蘇條約，在平時不受任何約束。至對日作戰，事實上日本已終止抵抗，且無條件投降，亦早經日方宣佈。現盟軍已佔領日本本土，可謂戰爭業已終止。對日和約其對象並非日本，而係盟國對日本如何管制之會議，故不能曲解「和平」字義，認為非對日和約簽訂後，大連應置於旅順海軍根據地區域防護下之說。以上各點，請予參考卓辦為荷。國防部陳誠（卅六）申（梗）張孟印。

旅大視察團董彥平報告

民國三十六年十月十五日

關於蘇大使館費代辦來照對外交部去照所述，關於旅順蘇軍當局對旅大視察團未予協助所聲辯各節，核與事實多不相符，謹就當時實際情形分別列陳如次：

一、旅大視察團自登岸之日起，其一切活動，均在蘇

軍當局嚴密保護限制之下，彥平及視察團任何一團員，均從未獲得與其本人選擇之對手自由接談之機會，除鐵路與大連港口設備，及少數蘇軍當局直接管理之工廠，曾作有限度之參觀外，視察團並未得到其視察工作所必需之充分協助，以及自由搜集所需各種資料之可能。

二、視察團赴旅大視察，係經本國政府徵得蘇聯政府之同意，且旅順海軍根據地及大連市區，自一九四五年八月十五日以後，始終在蘇軍軍事佔領之下，視察團於其工作過程中，自必以旅大區蘇軍指揮當局為唯一之對手。至所稱當地臨時行政機構，無論其具備何種形式，均係在蘇軍佔領之環境下所產生，實際接受該區蘇軍指揮當局之指揮，故視察團視察該項臨時行政機構之工作，除通過蘇軍指揮當局之協助外，並無其他途徑可循，此項立場彥平等於六月六日與貝洛波洛托夫將軍第一次正式會談時，曾有所聲明，並獲得貝將軍之贊同。關於視察大連市及其他各地臨時行政機構之計劃，早經於六月四日列入視察細目單，及視察日程中，送交蘇軍指揮當局徵得同意，乃於六月七日開始視察時，蘇軍指揮當局之代表，突表示當地臨時機構不能接受視察，並稱蘇軍當局亦無權促使其接受，殊與實際事態及蘇方承認充分協助之諾言不相符合。彥平對當地臨時機構負責人過去維持地方之勞績，曾於六月六日貝將軍之宴會席上公開致詞慰問，可見視察團對渠等並無絲毫輕視之意。此外，本人在留旅順期間，

曾屢次試與負責地方人士建立私人間聯繫，但此種努力迄無成就。例如：本人曾擬派團員王洽民拜會遲子祥先生，竟未獲遲氏之同意，六月十日復派王團員洽民會同蘇軍聯絡官拜訪大連市長，並與晤談，亦遭拒絕。本人曾派副官郭中奇由蘇軍聯絡官陪同前往關東公署銀行接洽兌換鈔票，曾遭拒絕。其所以未能達成視察之目的，實僅由於渠等之橫生枝節，及蘇軍指揮當局未採必要之協助措置。

三、關於視察金州一節，在提交蘇軍司令官之視察細目單及視察日程中，均已載明，且由蘇方派大連城防司令科然諾夫少將及若干聯絡官陪同前往，服警察服之華籍人員之阻止行為，雖經蘇軍當局代表證明視察團一行人員身份後，亦並未改變，僅允前進三十步後，即行折回，本視察團以此種嚴刻之限制與就地折回並無差別，遂未接受。所稱一經說明，迅即解除，視察團當可一無阻礙的前往金州城等語，查與事實不符。

四、關於視察旅順全港，原為雙方商定日程項目之一。六月九日彥平復向蘇方貝司令官提出視察東港之要求，貝氏稱，東港規模甚小，碼頭倉庫亦少，且全部現為蘇軍使用，不必前往，並未提出彼時當地舉行演習一節，張特派員劍非當時曾補充聲明，旅順港既為雙方共同使用之港口，我方實有獲得該東港概括觀念之必要，但亦並無反應，蘇覆照所稱，未允視察東港，因當時彼地蘇軍正舉行演習一節上與事實不符。

五、依照雙方商定日程，曾規定視察鐵路沿線三、五村
　　落，彥平及全部團員，於六月十日火車停留營城子
　　時，曾向隨行之蘇方所派代表科然諾夫少將，提出
　　參觀該地附近農村，但科少將答以該地駐有蘇軍，
　　不便前往為詞，加以拒絕，蘇方復照所稱彥平及團
　　員均未提出此問題一節，與事實不符。

六、六月十日全團赴大連視察，按日程規定原應於上
　　午九時乘汽車出發，但因蘇軍聯絡官以準備交通工
　　具未妥，延至十一時未克啟行，蘇軍總聯絡官安頓
　　諾夫少校於此時突又聲稱，大連方面不能負責供給
　　安全性之飲食，須俟在旅順用畢午餐後再行，彥平
　　等當以時間不敷分配，未同意在旅順進膳，以致在
　　大連等地果未獲進用任何飲食之機會，科然諾夫少
　　將在金州車站亦並未作任何進用茶點之建議，鐵路
　　當局擬以白水相款，且曾遭科少將之拒絕，此為當
　　時實際情形。查六月十日午前出發視察大連、金州
　　等地，早經於先一日通知蘇方，本團團員在大連所
　　必需之給養，蘇軍當局應有充分準備之餘裕，蘇軍
　　聯絡官先以飲食安全問題，意圖改變本團預定之視
　　察計劃與時間，嗣又以未能接受其建議，不惜陷全
　　團團員於飢渴狀態。蘇軍當局不能避免其應負之責
　　任，此項細微末節，本不足敘述，要亦為蘇軍當局
　　未予充分協助之佐證。

七、六月九日彥平提出擬乘本國軍艦赴大連，貝洛波洛
　　托夫將軍以肯定性之措辭建議，改乘汽車或輕油
　　火車，並稱此事困難甚多，海上事甚複雜等語，

其拒絕前往之意思表示甚為明顯。彥平當以航行
安全，如不獲得蘇方切實保證，自無法堅持軍艦
前往大連。

上述事實，已足以充分證明蘇軍指揮當局對視察團之工
作，實未予以應有之協助。

六　旅大視察團報告

王世杰呈董彥平旅大視察名單及計畫

三十六年五月十二日

為請派軍艦一艘以便董彥平等搭乘往來旅大視察附呈名
單，及視察計畫請鑒核示尊。「關於派遣董彥平、張劍
非等赴旅大視察一案，前於本年四月十七日以備忘錄通
知蘇方准蘇大使五月五日復稱，已悉，並業飭旅順軍區
蘇軍當局予以協助。」等語茲謹將擬定有關視察人員名
單及視察計畫各一份，呈請批示，並請令飭國防部派軍
艦一艘以備該員等搭乘」當否？併祈鑒核示遵。謹呈主
席蔣。

附視察人員名單及視察計劃各一份。

視察人員名單

董彥平　東北行轅副參謀長

張劍非　外交部東北特派員

葉　南　國防部第二廳第五處處長

朱新民　東北行轅參事、前駐蘇軍事代表團團員

邱　楠　東北行轅政治委員會簡任秘書、前駐蘇聯軍事
　　　　代表團團員

汪源燮　東北保安司令官部第三處副處長
王竹亭　中國長春鐵路管理局副局長
王洽民　大連市接收委員
徐祖善　大連市接收委員、港口副主任
吳文甫　譯電員、由東北行轅調用
郭中奇　副官、由東北行轅調用

視察旅大計劃
一、往返路線及交通工具
　　自營口或葫蘆島乘軍艦前往旅順登陸事畢仍由旅順
　　乘艦返回營口或葫蘆島。
二、視察地區
　　旅順海軍根據地全部地區及大連市。
三、視察期限
　　預計十日至二週
四、視察範圍
　　1. 人民生活狀況及其心理傾向。
　　2. 共黨活動情形與當地行政機構之背景及其作用。
　　3. 旅順及大連之港口設備現狀及蘇方拆運物資情形。
　　4. 蘇軍駐屯及活動情形。
　　5. 大連市區劃情形。
五、視察費用
　　由外交部請撥專款，按實際開支報銷。

旅大視察報告　董彥平

一、視察概況

　　六月二日登長治艦，三日抵旅順，四日拜會蘇司令
　　員洛波托夫上將，提文視察節目單，內分機構武裝
　　團體、教育、公用、商工業、港務、鐵路、公路等
　　九類，其間蘇方曾以各種方式，壓迫本團與偽組織
　　發生直接關係一面即利用偽組織，阻礙視察工作。
　　本團仍嚴守立場，妥慎應付雙方表面尚保持友好態
　　度，勉成任務

二、視察結果

甲、人民生活及向背：食糧問題嚴重，米每斤在二百
　　五十至三百元上下，布疋及日用品缺乏，商店百分
　　之八十以上停業，公教人員生活亦極困苦，黃昏後
　　市街即成死寂，人口逐漸外移。旅順除蘇軍外，人
　　口不過四萬，大連不過四十萬，通貨為貼蓋偽關東
　　銀行印花之紅軍券，發行總額為三十五億，市面流
　　動者二十億，發行額雖有控制，但購買力薄弱，人
　　民對蘇無好感。

乙、共黨活動：已利用關東公署，於蘇軍驅策下，獲得
　　全面控制，蘇政治顧問克拉讓斯基可能即為該公署
　　之實際統治者。

丙、大連港口：已為一蕭條之港口，僅泊有與海參威及
　　北鮮通航之商輪七艘，倉庫僅有少許蘇聯輸入木材
　　糧食，港口設備殘缺不全，重要者由蘇方控制未得
　　視察。

丁、交通：火車有機車約一百輛，客車二百五十輛，每

日對開二次,路線情形甚佳。

戊、兵力:判斷甲軍在旅大金三角地之陸軍總兵力,約
為步兵兩個師,空軍實力約五百架左右,海軍則有
各種小艦約三十一艘。

己、其他:「關東公署」偽主席遲子祥,曾提出該區在
渤海往返之商船多被政府軍艦「拖劫」,請求政府
予以改善,本團未予考慮。

三、結論

甲、蘇在該區之暴力統治,殆已形成。縱我在接收行政
權後,仍能實際統治。

乙、接收大連時,蘇可能運用傀儡,使我無法建立名實
相符之政權。

丙、蘇可能利用條約內「主要行政人員之任免須顧及
蘇聯之利益」之規定,即令由我接收大連亦名存
實亡。

丁、接收旅大後,並不能制止蘇方接濟山東匪軍,且
將引起瀋大線之中蘇共同管理問題對我軍事上加
多顧慮。

外交部為接收旅大問題發表公報

民國三十六年六月二十五日

(一)中國政府自日本投降後,於一九四五年十月著
手接收東北之際,即決定派遣若干軍隊在大連
登陸,首先接收旅大行政詎蘇聯政府藉口大連
唯一自由商港,堅決反對中國政府派兵在大連
登陸。因此中國政府依約接收旅大行政之第一

步即遭受阻礙，查一九四五年八月中蘇友好同
盟，條約規定大連為一自由商港，其意義係指
過境貨物得免除過境稅與中國軍隊之駐入大連
無關，大連主權及行政之屬於中國，曾經該約
明白規定中國行政權除經條約明定者外，自不
受任何其他限制，該約並無限制中國軍隊入駐
大連之任何明文。故中國政府派兵由大連登陸
決不違反中蘇條約，外交部當時曾根據上項理
由，對蘇方之見解予以嚴正駁復。

（二）當時因蘇方阻抗中國軍隊未能入駐大連，旅大
行政權之接收遂無法進行，因當時旅大尚均在
蘇軍佔領中，自蘇方拒絕中國政府軍隊由大連
登入後，中國共產黨之武力，仍在旅大附近迅
速發展，此種武力之存在與發展，使得中國政
府自陸地上接收旅大亦受重大阻礙。

（三）本年三月，蘇聯曾表示希望中國政府在旅大建
立其行政權，中國政府當經剴切聲明，謂中國
政府所以未能接收旅大，其原因為以上所述之
兩種阻礙。

（四）最近三個月，外交部關於接收旅大事，曾與蘇
方多次交涉，蘇方聲明在大連及旅順海軍根據
地全部區域內，無任何反中國政府之武力存
在。蘇方保證中國政府派往旅大行政人員之安
全，並使其能自由行使職權，中國政府派往旅
大之武裝警察數目及其駐紮地點，應由雙方就
地商定。至於中國政府決定派遣軍隊進駐旅順

海軍根據地區事，依照中蘇條約，該海軍根據
地之防護，已由中國政府委託蘇聯政府辦理，
故蘇聯政府表示不能同意。

又關於中國之軍警進駐大連事，蘇方藉口以當
時對日戰爭狀態尚未結束，依照中蘇條約，大
連仍應受旅順軍根據地區域之軍事管制，因此
蘇聯政府認為中國軍隊現在不能進入大連，中
國只可派警察赴旅順大連，且須由中蘇雙方協
定其數量與駐紮地點。外交部以依照中蘇條約
中關於旅順口之協定，旅順海軍根據地全部區
域，均為中蘇「共同使用」之地區，認為中國當
然有權派軍隊入駐旅順軍區，故對蘇方認為中
國軍隊不能入駐旅順之解釋，表示不能同意。
至於中國軍隊進駐大連事，依照中蘇條約在「對
日作戰」之事實，實際上已不存在，且即在「對
日作戰」時，中蘇條約亦無限制中國軍隊進入
大連之條文，旅順軍區對大連之管制，在「對
日作戰」時，亦僅以適應中蘇共同對日作戰之
需要，為限我國軍隊警察進駐大連，以維護其
行政之安全，即在「對日作戰」時，當亦不能
視為與共同對日作戰之需要有何妨礙，故外交
部對於蘇方之見解，曾迭次以書面嚴正表示不
能同意，並要求蘇方對於中國派遣軍隊入駐旅
大之決定能充分諒解，蓋在現時情況之下，隨
時可受反抗政府之武力威脅或襲擊。中國政府
為確保行政人員之安全與自由在條約上固有派

遣軍隊之權，在實際上亦有此需要也，但蘇方
仍不表同意。

（五）我政府乃一面與蘇方繼續交涉，一面派遣董彥
平等赴旅大視察地方情形，以為恢復旅大行政
權之準備。關於派員觀察一事，我方曾於事先
商得蘇方之同意，蘇方並表示對董彥平等之視
察。應予以充分之協助，使其能自由執行視察
之任務，但董等抵旅順後因未能獲得蘇方預先
給予之協助，兼受當地所謂行政機構之阻撓，
其視察任務，遂未能達成此一視察之結果，尤
足證明如無足量之中國軍警入駐旅大，中國行
政人員將無法行使其職權。

（六）總之，旅大行政至今未能由中國政府接收：一、
由於蘇聯政府一再拒絕中國政府軍隊駐入旅
大。二、由於自蘇方拒絕中國政府軍隊由大連
登陸後，中國共產黨在旅大附近成立甚大之武
力，以阻撓中國政府之接收，中國政府於此不
能不鄭重喚起蘇聯政府對中蘇條約內次列兩項
條文所規定之基本義務，特予注意：（1）蘇聯
政府同意予中國以道義上與軍需品及其他物資
之援助，此項援助，當完全供給中國中央政府
（即國民政府）。（2）蘇聯政府以東三省為中
國之部分，對中國在東三省之充分主權，重申
尊重，並對其領土與行政之完整，重申承認中
國政府深望蘇聯政府顧及其上述義務，對於條
約中無明文規定之事，不曲加解釋以破壞中國

主權與行政之完整，阻撓旅大行政之接受。中國政府願本友好精神繼續交涉，以求取彼此見解之一致，同時中國應鄭重聲明，中國政府派遣軍警接收旅大行政主權，既無條約限制，中國政府自得隨時決定行使全權也。

七　中蘇前方部隊交涉

瀋陽熊式輝主任來電

民國三十六年四月四日

南京外交部王部長雪艇兄：據報（一）滿洲里及海拉爾近有蘇軍騎兵第十二師團約萬二千人駐守說。（二）合江省東安附近亦似有蘇騎兵一旅駐守。（三）旅大蘇軍近在大連計劃實行恐怖性之普選。（四）旅大蘇軍於遣送該地區日僑時，受日人重金賄賂，許可日僑無限制攜帶物品返國。

中蘇前方部隊長普蘭店會談紀錄

民國三十六年四月六日

我方出席人員：周團長璞　詹處長實之　朱參謀樸章
　　　　　　（以前方部隊參謀名義出席）　汪參謀哲

蘇方出席人員：查列斯基少將　　謝苗諾夫中尉
　　　　　　　多洛夫准尉　　　斯米諾夫少尉
　　　　　　　米特未交夫中尉　沙果洛夫少尉
　　　　　　　阿列光謝也夫上尉　諾沙夫少尉

談話紀錄：

周問：貴師長來此有何貴幹？

查答：為答覆貴方前次要求接防窪子店事，該地現僅有
少數蘇軍負保護旅大水源之責，如貴方保證該水
源不被破壞，則甚願交出。

周問：為確保水源之安全，必進至協定線最前線，貴方
以為何如？

查答：窪子店僅有我方保護水源之軍隊少許，以南至協
定線全無蘇軍。貴方如給予我方以水源安全之書
面保證，自可接收，並靠近至協定線。

周最後答稱，關於此問題，俟請示後再談。

周問：關於金州、大連交我接防事，貴師長有何意見？

查答：此一問題甚大，本人未奉上峰指示，不能答覆。

周問：南京方面，我外交部與貴大使談話情形有無所聞？

查答：並無所聞。

周問：長山列島有無貴方部隊及非法武裝？

查答：該地在海軍根據地界線以內，敝方設有防守司
令，指揮少數部隊維持治安，並無其他非法武裝
部隊。

周問：我方擬解除石河以南地區之非法部隊武裝，貴方
有何意見？

查答：本人防區內，僅有地方政府之武裝警察，其他並
無任何中國軍隊。

周問：為我軍解除非法部隊武裝時，貴方軍隊可否撤至
營城子至房口之線以西地區，以免遭受損害？

查答：條約載明，必須由雙方合組之混合委員會勘察界
線，決定雙方駐地。但該委員會之組成，應由雙
方政府決定之。

周問：我軍進至石河以南地區後，對於一般居民需要舉
　　　行戶口清查，以免匪徒潛跡，請勿阻礙。以上詢
　　　各點，如貴方不能同意成立協議，則我方認為貴
　　　方無交還誠意。

查答：敝方對於履行條約確有誠意。惟此事，須在混合
　　　軍事委員會成立以後，再行議及。

周問：石河以東以迄鄒家咀子之線，貴方警戒部隊之位
　　　置有無異動？

查答：並未變更。

周問：我方有意前往貴地回拜，閣下有何意見？

查答：甚為歡迎。經請示後，再為答覆。惟安全問題，
　　　不能負責。因吾等此次前來，途中亦曾遭受不明
　　　部隊之射擊。

駐普蘭店周璞團長致蘇軍部隊長查列斯基函

查列斯基少將閣下：本月六日前線晤談，充分表現中蘇
雙方友好精神，引為欣慰。閣下允將本指揮官關於接收
旅之提議，轉達貴國政府，深為感激。

一、蘇聯應將由日本手中接收之旅大金一帶，完整交還
　　於中國國民政府及國軍。

　　1. 蘇聯警戒線以內之非法武裝（偽警察及大連人民
　　　自衛軍在內），應一律繳械。偽地方政權，應一
　　　律解散。中國軍隊及行政人員前往旅順、大連、
　　　金州一帶接收時，不能受到任何襲擊或射擊，務
　　　由蘇方確實保證。

　　2. 蘇聯如不能履行第一項之義務，則由中國軍隊自

行剿滅旅大金一帶之土匪。蘇聯軍隊應暫時撤退至旅順區營城子房口以西地區，以便利我軍之進剿。然在戰鬥中，蘇聯軍民如遭遇不可能避免之損害，中國軍隊不能負責。

3. 石河驛以南及旅大金地區內之居民，應在中國政府及軍警管轄下，維護地方治安，肅清奸匪餘孽，蘇聯軍民不得借口庇護留難。

二、為便利旅大金之交接起見，中蘇雙方各組織連絡組，專任中蘇雙方之接洽連絡，並須互換連絡組人員之名單。

三、關於窪子店問題，併與旅大金同時接收之。

以上三項，敬希即時轉達貴政府，並祈先行函覆為荷。

順致敬意。

　中國國民政府駐普前方部隊指揮官　周樸（簽名蓋章）

八　蘇軍與中共在東北地區策略
董彥平簽呈

民國三十六年四月十九日

茲將王部長篠西電報，遵照鈞座指示，會同趙參謀長、黃秘書長、鍾警務處長、研擬如次：

一、大連駐軍兩旅，請由關內調派。

二、按大連市原有人口八十萬，現在人口五十萬。茲以情形特殊，從寬估計，以百人配警察一名計，應派警察五千名。

三、旅順海軍根據地，我所駐陸海空軍兵力，應與蘇方同等，其數量及駐在地點，中蘇雙方均須由中蘇軍

事委員會協議，報請本國政府核定。

四、金縣現有人口五十萬，以每二百名配警察一名，應得二千五百名，因情形特殊擬增為三千名

五、旅順市光復前中日人口計近二十萬人。現有人口，正確統計，無從查得。據遼寧省政府民政廳之估計，僅餘中國人口三萬人至五萬人，警察擬以最大數量配置一千五百人。

六、中長路之保護，由交通警察擔任。其數量視需要由我方決定之。

以上是否可行，並應否先電王部長？乞示遵。謹呈主任熊。

職董彥平呈

旅大地區有關軍事資料

本件係董副參謀長攜來情報之抄件

三十六、四、二十三

A. 甲軍

（一）兵力配備

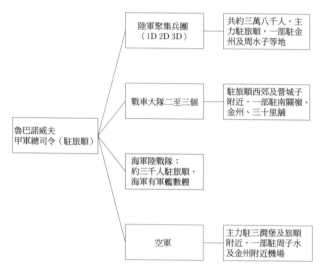

（二）工事設施

1. 旅順各港口築有要塞工事。

2. 南關嶺、周水子、營城子、長嶺子有堅固野戰工事。

3. 老虎尾山鹽廠、老虎灘、方家屯有對海上防禦工事。

4. 亮甲店、登沙河、三十里舖、老爺廟有野戰防禦工事。

5. 石河驛至鄒家咀子設有嚴密警戒線。

B. 乙軍

（一）兵力配備

1. 旅大地區有甲軍編組之警察萬人；任市內治安。另有
   便衣匪萬餘，活動於市區及石河驛以南各據點。

2. 乙軍安東保安第二縱隊，及第四縱隊之第十二旅34、35 兩團暨獨立師安東軍區第五軍分區所屬各團隊，自國軍進駐普蘭店後，均分由海城、蓋平以東竄至普蘭店以南。又金州保安第二縱隊及29B 盤據金州以北。

（二）整補訓練

1. 大連偽市長遲子祥編組人民自衛軍萬餘，與大連市警察合編為特別師，由甲軍以繳日軍武器補充之。以第五軍分區地方團隊及安東第二縱隊改編為新二師，王基遠充師長。

（三）現有兵力

共約三萬餘人，最近在大連召開軍事會議，由普蘭店以南向北發動攻勢。

（四）政治動向

大連行政最高機構為甲、乙兩方支持之市政府，行政由甲方操縱，市長遲子祥為期獲得甲方支持，曾訂一切租賣契約，將日人重要建築租售。

東北奸匪態勢述要

A. 遼北方面

1. 樺甸東北地區有匪 1B、警2B、5D 約萬人。

2. 拉法蛟河地區有匪 6D、24B、29B 及保安團隊約萬人。

3. 舒蘭缸窰地區為匪吉北軍區曹禮懷部約兩萬人。

4. 匪田松部隊約萬人駐五常附近。

5. 匪第六縱隊及韓匪一個師約萬五千人，駐雙城、榆

樹、秀水甸子、三岔河一帶。

6. 陶賴昭駐匪獨立師四千人，長春嶺 5D、2D 約三千人。

7. 匪第一縱隊駐扶餘萬郭旗，第二縱隊主力（八千）駐伏龍泉，有南犯模樣，一部及 1B 駐長嶺。

8. 開通邊昭保康駐蒙匪 5D、6D 及馬驥部約八千人。

9. 東豐、西安地區駐匪第三縱隊一部及地方團隊五千人。

10. 哈爾濱面由佳木斯開來韓匪警備旅兩千，並由北鮮開來韓匪甚眾。

11. 匪在合江省預計強徵十萬人。

12. 匪在甲方援助下，預定搶修圖們、蛟河、哈爾濱至黑河之鐵路。

B. 遼東方面

1. 匪 5D、2D、李紅光支隊約六千人，盤據柳河及其西北地區，並窺海龍梅河口等地。

2. 匪 7B、8B、9B、10B 及 5D、2D 盤據通化東北山地一帶。

3. 匪三、四軍分區及 11B 盤據桓仁一帶。

C. 遼西及熱河方面

1. 匪保 1B、2B 及 5D 萬餘，卯真竄保康、茂林地區。

2. 匪二千餘，卯文向朝陽東南松樹林進犯。

3. 熱河匪不斷流竄中。

最近甲軍重要動態

A. 旅大地區：兵力約四萬人，調動情形如下：

（一）續向旅順地區集結，有一部由旅順乘船回國。

（二）大連附近一部移駐周家河子、營城子，在周水

子、南關嶺僅數千人。

（三）金州及其以北地區 3D、5D、8D 主力，集結金
州附近警戒線，仍在石河驛至鄒家咀子之線。

（四）積極增強旅順要塞及金州一帶半永久工事。

（五）大連之前滿鐵工廠，船渠工廠，沙河口機械廠，
被甲軍接收，造機車運送回國，並將旅大物資
運送回國。

（六）自三月中旬以來，以大連為中心，作大規模陸空
演習，但空軍兵力並未增加。（七）甲軍援助
乙軍召集旅大全人民代表大會，商討改組行政
機構及選舉事宜。

（八）最近頻傳由北鮮開來甲船，載武器或乙軍韓兵
等，支援乙軍。

判決：

甲軍雖表示旅大可以接收，實則集結兵力於各要點，積
極援助乙軍，並以種種方法阻止國軍之接收。

B. 北鮮地區

（一）甲軍：視兵力約十二萬人，主力多集結於平壤及
會寧、羅南。

（二）新義安至中江鎮之鴨綠江沿岸，留有數千駐守，
但空軍兵力無變更。

（三）鎮南浦、元山等港，甲船頻繁，多運食糧至
甲境。

（四）北鮮甲空軍，最近在鴨綠江沿岸活動頻繁，搜索
國軍情況。

（五）韓共：北鮮韓共與東北乙軍協定將由甲軍訓練

之韓共十萬開入東北，已有一部由圖門開至延
吉、佳木斯等地。

判決：

北鮮甲軍積極助長韓共，使與乙軍合作，配合其陰謀策
略，以增強其外圍勢力。

東北匪情判斷

四月十八日

（一）松北方面：由松花江北岸發動攻勢之匪，經此次
鉅創，元氣大傷，其爾後行動可能如次：

1. 鞏固松花江北岸防線，以防我北進，並積極
整訓。

2. 由扶餘、乾安、洮南方面，向懷德、梨樹、
遼源一帶竄擾，相機威脅四平，或由蛟河、
安圖方面向朝陽鎮、盤石、海龍竄擾，切斷
吉瀋、平梅兩路。

（二）遼東方面：

匪似企圖以一部佯攻新賓，以有力一部攻略通
化，以主力控置於通、柳、新間地區，誘我軍
應援通化，各個擊破之。

（三）熱遼方面

熱遼邊區匪似仍企圖破壞錦古、北寧兩路，以
牽制我兵力之轉用。

中蘇友好條約在軍事上應注意之點

A. 中長鐵路

（一）中長鐵路由中國組織鐵路警察保護之，僅限於對日作戰時期供運輸蘇聯軍隊之用。軍需品之保護工作，由鐵路警察擔任，蘇聯不得派武裝護送人員──中長鐵路協定第九、十兩條。

（二）中長鐵路在旅順海軍根據地區域以內，各段不受該區域內所設定任何軍事監督管制──大連協定議定書二項。

B. 大連在平時不包括旅順海軍根據地章程效用範圍以內，僅於對日作戰時受該區域所設定之軍事統制──大連協定書第四項。

C. 旅順口

一、旅順口為中蘇兩國共同使用之海軍根據地，該海軍根據地之正確界限，如附圖，但大連市除外──旅順協定第一條、第二條及旅順協定附件第二條。

二、旅順口為純粹海軍根據地，僅由中蘇兩國軍艦及商船使用。關於共同使用事項，設立中蘇軍事委員會處理之，委員會中蘇兩國代表三人組織之委員長由蘇方派，副委員長由中國派。

三、蘇聯有權在旅順海軍根據地內駐紮海陸空軍並決定其駐紮地點。

四、旅順海軍根據地之防護，中國政府委託蘇聯政府辦理之。蘇聯政府得建置為防衛旅順海軍根據地必要之設置。

旅大地區甲軍接管工廠調查表

錄自東北行轅代電第 31780 號　三十六、三

工廠名稱	地點	出產品
大連船渠鐵工廠	大連市	造船及修理汽車等
安治川工廠	周水子	造槍械零件
大華工廠	甘井子	製造衝鋒槍
鐵道工廠	沙河口	製造鐵管及機械零件
原滿洲沖電氣工廠	周水子	製造修理飛機零件
	五里臺	槍砲彈及軍需品
原大連福化工業會社	大連市內	鐵甲車

九　蘇軍改組旅大行政機構

國民政府主席東北行轅來電

民國三十六年四月二十一日

南京外交部王部長雪艇兄：據報最近旅順甲軍發動召開旅大金地區人民代表大會，商討改組行政機構及選舉等事宜。茲將會議紀要隨電附送，請參考。弟熊式輝卯（馬）操（一）附件如文。

偽關東地區（旅、大、金）各界人民代表大會會議紀要

一、發動機關：旅順蘇軍司令部。

二、被召偽機關團體：旅、大、金各地工業總會、商業總會、商民聯合會、文化總會、青年團、學生團、農民會、職工會、婦女會、市政府、縣政府、區政府、宗教總會（基督教徒、和尚、道士）、市府參議會等計十六個單位參加，代表定額317名。

三、大會目的：改組旅大行政機構，民選人事。

四、開會日期：四月三、四日計二日。

五、地點：旅順電影院（舊昭和園）。

六、出席人數：313人。

七、大會主席：大連偽市政府副市長陳雲濤。

八、開會詞：（主席陳雲濤）：「為改組旅大聯合辦事
　　處，特召集各地方團體代表，以地方人為標準，設
　　立旅大最高行政公署……云云」。

九、大會決議：成立偽關東公署。

　　（一）由代表大會選舉十五人組成「關東公署」，
　　　　　以管理關東地區之一切地方行事宜。

　　（二）關東公署設主席一人，副主席二人，檢察官
　　　　　一人，法院院長一人，秘書長一人，各廳局
　　　　　長一人。

　　（三）關東公署主席以下設秘書處及下列各廳局：
　　　　　1. 民政廳。2. 財政廳。3. 工業廳。4. 商務
　　　　　廳。5. 交通廳。6. 教育廳。7. 農業廳。8. 衛
　　　　　生廳。9. 公安總局。

　　（四）關東公署設於旅順市。

十、偽關東公署組織及人事：主席遲子祥，副主席喬傳
　　珏，劉辛垣。秘書長陳瑞光，檢察官喬理清，法院
　　院長周旭東，民政廳長張致遠，工業廳長陳民立，
　　農林廳長林基湧，商務廳長于鵬九，教育廳長孫承
　　烈，財政廳長宋承章，衛生廳長楊鳳鳴，交通廳長
　　龐大海，公安總局長周光。

十一、大會致史大林大元帥函：蘇維埃社會主義共和
　　　國聯盟內閣主席斯大林先生：我們今天齊集被蘇
　　　軍解放的旅順市，商討我們關東地區一百五十萬
　　　人民的事業，選舉了自己的領導機關——「關東
　　　公署」，關東地區的人民永遠忘不了偉大的友邦

———蘇聯對我們的友情和援助。我們深切的瞭
解，祇有蘇聯才是中國人民最好的朋友。祝閣下
永遠光榮（陳瑞光作）。

關東地區各界全體人民代表親自簽字　四月四日
十二、大會詳細經過：四月二日各代表集合旅順，住於
旅順市立中學校內（舊上溝公學堂），食於旅
順市源順居飯店，往返處乘蘇軍汽車。下午六
時，赴蘇軍招待宴，宴後有游藝電影（蘇片張
古峰事件。）

四月三日正式開會。早九時各代表赴會場，會場由招待
代表主任朱秀春（偽大連市府交際處長）之佈置，非常
嚴肅。正門高懸史大林像，場內正中懸中蘇兩國國旗及
國父像。四周貼有提高生產、獎勵工業、普及教育、講
究衛生等標語。九時十分首由陳雲濤致開會詞，繼由旅
大聯合辦事處主任遲子祥報告旅大工作情形，及徵收
三億五千萬元公債之分配辦法。下午討論改組旅大行政
機構事宜。五時除各團體代表首長於會場另有討論外，
餘者散會。七時由蘇軍招待，表演歌舞。

四月四日以舉手方式正式決定「關東公署之組織及人
事」選舉後，由偽秘書長陳瑞光講話，內容「感謝蘇聯
旅大人民得到自由民主。此次改組最高行政機構，是基
於地方人自治，免得民變。我們是無黨無派，根據中蘇
三十年友好條約，要擁護蘇聯，並要免去鬥爭，提高資
本，保全人民生命財產等。」是日夜八時，有蘇軍少將
參謀（名不詳）代理司令官招待代表晚宴。同時有如下
之談話（由朱秀春任翻譯）：「旅順大連港是蘇軍永久

駐紮地，任何國家不能干涉，任何國家亦不許駐兵，希望各地代表致意於民眾，以地方人治理地方，完成地方自治云云。」講畢，由陳瑞光偽秘書長用絲絹寫大會致斯大林大元帥函，由全體代表親自簽字。

四月五日

早飯後招集各代表留影而行終會。

十　「關東中蘇友好協會」的組織

關東中蘇友好協會組織條例

民國三十六年

第一章　總則

一、名稱：本會定名為「關東中蘇友好協會」。

二、宗旨：遵行孫總理蘇聯遺教，依據中蘇友好同盟條約交流中蘇文化，建立群眾性的中蘇友誼組織，以鞏固中蘇兩國人民之永久友誼。

三、地址：本會設於旅順市。

第二章　組織

一、本會組織原則，採用民主集權制。

二、本會以關東全體會員代表大會，為最高權利機關。

三、本會由會員代表大會，民主選舉執行委員二十五名，候補委員五名，組織執行委員會（下簡稱執委會）。大會閉會期間，執委會為本會最高權利機關。

四、由執委會中選出五人，組成監察委員會。

五、由執委會中選出七人，組成常務委員會
（內正會長一人，副會長二人），執行本
會會務。

六、執行常委任期，均為一年。但在半數以
上會員要求改選時，得改選之。連選得
連任。

七、本會為關東地區所轄各市縣中蘇友好協會
之總會。

第三章　會議及職權

一、會員代表大會

（一）全體會員代表大會定期一年一次，由執
委會負責召開，但經執委三分之二通過或
半數以上會員要求時，得臨時召集之。

（二）會員代表大會有聽取會務工作報告，批
准本會工作方案，選舉執行委員及對會
務提出批評之權。

二、執行委員會

（一）執委會每三月召集一次，由常委負責召
開。於必要時，得臨時召集之。

（二）執委對本會之工作方針計劃，有提出意
見及執行決議之權。凡本會有重大事務
處理，得經執委會之討論通過後施行。

三、監察委員會

（一）由監委會主席三個月召集會議一次，必
要時可隨時召集。

（二）監委會直接向會員負責，監督代表大會

決議之執行及檢查經費收支情形。

四、常務委員會

（一）常務委員會每月召集一次，由正副會長
　　　負責召集之。必要時可舉行臨時集會。

（二）本會之日常工作，由常委會決議施行之。
　　　常務委員須經常列會，處理日常事務。

五、會務

（一）本會主要會務及統一領導各地區協會工
　　　作，保證代表決議之執行。

（二）本會不直接徵收會員。

第四章　會員

一、資格：凡同意本會宗旨，不分種族，信
　　仰、性別、階級、黨派，經本人聲請及本
　　會會員之介紹者，皆得為本會會員（十三
　　歲至十六得為本會預備會員）。團體會員
　　須經執委會審查通過後，方得為本會團體
　　會員。

二、權利：

（一）本會會員均有享受本會一切設施之權。

（二）本會會員均有選舉與被選舉參加各級領
　　　導機關之權。

（三）本會會員均有自由退出本會之權，但須
　　　正式向協會組織科聲明，並繳回會員證。

三、總務：

（一）凡本會會員均有執行本會一切決議之
　　　義務。

（二）凡本會會員均有遵守本會紀律之義務，
　　　不得有違反本會宗旨之言行。有違反本
　　　會紀律者，由本會加以勸告，批評或開
　　　除會籍之處分。

（三）凡本會會員均有繳納會費之義務，每年
　　　分兩期繳納，困難者可酌免。

第五章　經費

　　一、會費。

　　二、捐助。

第六章　附則

　　一、本章程已經由第一次關東全體代表大會
　　　通過。

　　二、本章程有未善之處，得由大會執行委員討
　　　論修改之。

　　三、本章程解釋權歸本會常委會。

十一　有關接收旅大的重要意見

接收旅大第二次會議記錄

時間：民國三十六年四月一日上午九時

地點：總長辦公室會客室

出席人員：本部參謀次長劉

　　　　　第二廳侯代廳長

　　　　　第三廳郭廳長　許處長　李處長

　　　　　第四廳楊代廳長

　　　　　外交部卜司長道明

　　　　　內政部汪參謀奕林　警察總署汪弼

　　　　　大連市龔市長學遂

　　　　　空軍部王副總司令

　　　　　海軍部桂代總司令

　　　　　聯勤部黃總司令

　　　　　軍務局楊高參振興

　　　　　東北長官部趙參謀長家驤

　　　　　主席參謀次長劉

記錄：趙飛崑

一、趙參謀長報告

（一）關於接收旅大長官部，已訂有計劃呈部，惟昨承總長面示四點：

　　　1. 須爭取時間。

　　　2. 以東北現有兵力運用。

　　　3. 部隊以新六軍為主，以免分割建制。

　　　4. 希望外交上得到解決，但須有軍事解決之積極準備，故原計劃尚需略為修改。

（二）長官部計劃，大要以利用外交交涉成果，迅速接收大連之目的，決即集結有力之一部，先肅清普蘭店以南蘇軍警戒線以北之匪，迅向金州挺進，一舉接收大連旅順。行動開始日期，應與蘇方外交上取得具體協議後一週內開始。

（三）在軍事上之要求：

　　　1. 陸軍方面：請增派部隊。

　　　2. 海軍方面：直接協同陸軍作戰並巡邏黃海、渤海海面。

3. 空軍方面：澈底集中空軍主力，以應需要。

（四）外交上希望得知及要求事項如下：

1. 蘇聯在石河驛以南駐軍兵力位置及主管官姓名。

2. 我方連絡組與蘇方連絡人員姓名，及雙方負責交接之主官姓名及交涉地點。

我方：前方部隊連絡小組組長、前方指揮官廖軍長駐普蘭店。

蘇方：前方部隊連絡小組組長、前方指揮官姓名及位置。

3. 在蘇軍警戒線以內，依照中蘇友好條約，應由蘇方負責解除非法武裝，及保證國軍接收之安全。

4. 如蘇方不能履行第（三）項任務時，國軍得以武力接收。蘇軍應事先撤退至旅順區域營城子房口以西地區，否則國軍解除非法武裝，引起不幸事件及蘇軍生命財產之損失，應由蘇方負責。

5. 自石河驛以南及旅大地區之居民，國軍及地方政府自接收日起，應由國軍協助地方政府執行職務，清查戶口，以防不法份子之搗亂。蘇軍不得藉口掩護留難。

6. 在以上協議未經雙方簽字成立前，國軍認為蘇軍無誠意交還中國之領土主權，國軍不能決定接收日期。

7. 依條約之解釋，我海空軍可否使用於旅大地區。

（五）建議──接收旅大，為中蘇今後外交上百年之大

計，請外交部部長約同蘇方人員，親赴實地考察並交涉。

二、外交部卜司長道明報告

（一）接收旅大備忘錄已送蘇大使館，現尚未得答覆。

（二）代達王部長意見：

1. 蘇方對我備忘錄答覆如何，現尚未知。惟判斷不至過久不復。

2. 軍事方面，請按計劃準備。

（三）答趙參謀長詢問兩點：

1. 依中蘇友好條約，我海空軍可使用於旅大地區。

2. 其餘須待我致蘇備忘錄得其答覆時再告。

三、內政部警察總署汪弼

總署已訂有接收工作綱領，其內容：

1. 決定旅大警局長，負籌備責任。

2. 各配備幹部二百名。

3. 各配備長警各三百名。

4. 分別在天津、青島集中，擬由水道前進。

5. 依編制不足人員惟就原人員甄試暫用。

6. 所需武器，擬請國防部或東北行轅撥發。

四、海軍桂代總司令

（一）細察中蘇友好協定之條文自第二條以下之規定，我主權幾損失殆盡，接受旅大未可樂觀。

（二）北巡艦隊係以青島為根據地，現遼東半島無基地，補給困難，以先收復長山島後則赴大連較便。

五、空軍王副總司令

（一）如我陸軍有充分力量，空軍以不參加為妥。

（二）空軍現仍積極準備，待外交交涉成功再行實施。

六、第二廳侯代廳長

（一）蘇軍及匪軍在旅大兵力，蘇約四萬至五萬，匪約
四萬一千人。

（二）接收意見：

1. 依條約解釋，諸受限制，接收未可樂觀。

2. 蘇向我照會接收旅大，判斷係一種外交上欺騙
陰謀，有意藉外交上交涉，往返需時，曠日特
久，以延至四外長會議後，再避而不談。

3. 蘇現正試探我方及英、美對於接收旅大之觀
感，故我應針對此點提出宣傳。

4. 加強裝備交警總隊，以備蘇方向我要求以警察
接收時使用。

七、第三廳郭廳長

（一）第一次會議決定接收日期，應在四月十五日外長
會議結束前。

（二）希望外交上能得解決，一面仍就東北部隊準備
接收。

（三）旅大地區蘇軍可能之行為：1. 拒絕我軍進入或允
許我一部武裝警察入市區。2. 准我進出一部兵
力，但不保證非法武力之襲擊。3. 蘇方以武力
參加，引起地方事件，再依條約向我交涉。

（四）在外交上除趙參謀長六項請求外，尚補充兩點：

1. 向蘇方提出可能之要求，如借用飛機場及碼

頭，請其對海軍給水給油等，觀察其答覆如何。

2. 說明我方可能之行動。

（五）以後外交部給蘇備忘錄，請先與本部會稿。

（六）各部接收人員名冊，希能分送國防部。

八、第四廳楊代廳長

若依中蘇友好條約之解釋，則港口及鐵路運輸上使用，當無問題。

九、大連市龔市長

（一）依本席推測：蘇方答覆或允我警察開入。此刻應將國軍一部，改裝警察，按時開入，以免普通警察無力。一旦奸匪暴動，反受其累。

（二）依中蘇友好協定，應與蘇方迅速成立軍事委員會，以保持連絡。

（三）大連糧食甚缺，請聯勤部應預為準備。

（四）進入大連時，國軍駐地，應請長官部預為謀圖。

十、主席指示

（一）接收方式分下列兩種：

甲、政治方式接收時，要求蘇方解除奸匪武裝，保證我行政人員之安全。

乙、軍事方式接收時，須要求蘇方給我掃除奸匪之便利。以上甲、乙兩種接收方式，均以外交為先，軍事則積極準備。何時實施，聽候外交部之通知。

（二）對外宣揚我有充分兵力，隨時可接收大連。

（三）本日開會內容，應絕對嚴守秘密，不得洩漏。

關於接收大連問題會議意見

民國三十六年四月一日

一、本日召集開會目的：

根據中蘇友好同盟條約關於大連之協定第三條稱，大連之行政權屬於中國一節。大連當由我國迅速接收，惟目前奸匪興兵內亂，東北地區先後四度竄犯。蘇方交還大連，適在莫斯科三外長會議開會時期，表面上示意對中國友好和平，實際上接收大連，需一師以上兵力。松花江在四月中旬即將解凍。東北方面，如將一部兵力防守遼東，則減少機動兵力，益增作戰困難。為求接收順利起見，在軍事外交內政上，應齊頭併進，尤希望外交上能減少軍事上困難，特召請各位有關主管商討，以作本部策定接收計劃之參考。

二、對接收大連本部之意見：

甲　接收步驟：

1. 先由兩國從外交作具體明確之洽商，並請將商討情形隨時通知本部。

2. 市政接收人員應在國軍進駐大連之同時，能執行政務，須與軍事密切配合。

3. 希望外交部：

   A. 蘇方應將大連行政權、軍警權完全交付中國政府，並保證在中國政府接收大連時期，不受任何地方武力之阻撓。

   B. 對於大連市轄區內之非法武裝團體部隊等，蘇方在移交前，應由蘇方飭其完全退出市區或予繳械。

C. 要求蘇方在大連市區內之軍警，須照常維持秩序，俟待中國國民政府接收之軍警到達後，經兩國代表磋商決定後，則蘇方軍警方得撤退。

D. 在接收期內，蘇方應保證不得有非法人員在市區內暗藏武器及工兵通信器材。尤禁作諜報宣傳或密用無線電。

E. 大連市內之一切建設（包括交通、通信、工商機關、衛生設備等），不得有絲毫破壞或遷動，並須正式移交給中國政府。

F. 對在大連市區內之外僑（美、英、法人除外）及俘虜，應由蘇方適時集結某一地區。

4. 希望內政部者：

派遣大連之治安警察，似應由東北保安部隊內選派。內政部應派高級警政人員前往，妥為指導部署。對大連市政府行政及專門人員之選派，請先行準備。

乙　接收時機：

國軍有力進入大連市即開始。

丙　接收人員：

由外交部東北特派員主持，東北行轅及長官部各派一員協助之。再本部及內政部各派一員前往指導。

第四章
張莘夫被害案

第四章　張莘夫被害案

第一節　張莘夫被害案調查

一　張莘夫被害經過

收北平熊式輝主任電

民國三十五年二月六日發電

重慶外交部王部長雪艇兄：（銜略）（1）我接收工礦特派員張莘夫遇害事，經已電達在案。茲查其詳情如下：因中長鐵路用煤不足，經加爾金副理事長與張公權商定，蘇方派助理理事長馬力，我方派張莘夫等人，嗣報馬力先行前往，囑張莘夫遲一、二日再往，於子寒親率技師五人，警兵九人，前往撫順。抵達後，共匪拒絕接收，遂返瀋，途中於李石寨車站被共匪殺害。我以撫順既為蘇軍警備區，且返途中又有蘇兵保護，乃竟遇害，迭電董副參謀長向蘇方嚴重交涉，據答即詳查，並云已飭詳細調查，侯調查竣事，再答復等語。另據各方情報判斷，張之遇害，蘇方似有主使之嫌疑，除詳細情形續報外。敬達，弟熊式輝丑西參傑。

附註：此電係軍委會收譯於今日送來。機要室註。

北平熊式輝主任來電

民國三十五年三月六日

重慶外交部王部長雪艇兄：據董副參謀長寅東戌電稱，瀋陽董市長報告莘夫遺骸，東申經蘇方以汽車運往瀋，暫厝關帝廟內。董市長認定大半為莘夫遺體，上身仍著

去時之藏青色中山裝，下身僅餘內衣。赤足，有刺傷四
處。擬明日淨後，拍照裝殮。移交時，蘇由高福同我方
董市長簽字。餘者蘇方未提及等語，謹先奉達。弟熊式
輝寅魚政平秘印。

二　張莘夫案殉難人員的調查

張莘夫案殉難人員履歷及家況表（初步調查）

民國三十五年二月十四日

- 張莘夫（原名春恩），四十七歲，吉林九臺。

   學歷：國立北京大學經濟系畢業，美國密西根礦冶
   學院礦冶學士。

   職歷：哈爾濱穆稜煤礦公司技術處主任，吉林實業
   廳技正，中福煤礦礦長，天福煤礦礦長，
   資源委員會汞業管理處處長，鎢業管理處處
   長，經濟部東北區接收委員兼代特派員。

   家屬：妻，李薌蘅，四十七歲。女，張藹蕾，十六
   歲。子，張立豫，十三歲。子，張佛護（編
   註：張立綱，小名佛護），十一歲。女——
   六歲。子——三歲。

   通信處：重慶小樑子機房街五十三號天府公司轉。

- 牛俊章（英橋），四十四歲，吉林永吉。

   學歷：北京俄文法政專門學校畢業。

   職歷：哈爾濱穆稜煤礦公司俄文秘書，前中東鐵路總
   務處譯員，一等秘書，管理局商務處委員。

   家屬：母韓氏，六十四歲。妻，侯氏，四十四歲。
   子二（男十六歲），女四人。

通信處：北平隆福寺七號。

- 劉元春（熙如），四十歲，吉林德惠。

學歷：日本東京工業大學建築科畢業。

職歷：偽滿營繕需品局職員，長春工業大學教授。

家屬：父，劉德，六十一歲。母，高氏，五十九歲。
　　　妻，杜氏，又妻日人。子女九人。長子十四
　　　歲。幼子二歲。長女十一歲。幼女八歲。

通信處：長春四道街田家大院四十七號十五戶劉迪
　　　康轉。

- 張立德，三十五歲，哈爾濱市。

學歷：哈爾濱工業大學電機系機械工程師。

職歷：吉林鐵路局機務段副段長（民二十五年），自營
　　　熔鑄及機械鐵工廠（民二十六年至三十三年）。

家屬：父年六十六歲。母年六十四歲。妻二十六
　　　歲。去秋結婚。家無恆產。

通信處：哈爾濱市新陽區安國街一百一十號。

- 徐毓吉（健民），二十五歲，吉林扶餘。

學歷：長春工業大學採礦科畢業。

職歷：偽滿礦業開發株式會社及資源調查所服務。

家屬：父年六十三歲，（另娶後母）母年六十五歲。
　　　妹二十一歲，家貧無以自給。

- 程喜田，三十五歲，吉林德惠。

學業：德惠中學畢業。

職歷：服務警界。

家屬：妻二，無子女。

通信處：長春二道河子四道街或由劉元春家屬轉。

- 莊公謀，三十五歲，吉林市。

  學歷：日本陸軍士官學校畢業。

  職歷：曾任偽滿陸軍少校，中長鐵路公安大隊第二大
  　　　隊副。

  家屬：母，妻，子女四人。

  通信處：長春市第五代用官舍。

- 舒世清，三十六歲，遼寧撫順。

  學歷：遼寧省立第二中學畢業。

  職歷：中長鐵路公安隊第二大隊警備隊長。

  家屬：父，母，兄一，弟二，妻子女三人。

三　張莘夫案調查報告書

特羅增科中將二月十日函

民國三十五年二月十日

中國國民政府軍事代表團團長董彥平中將鈞鑒：敬啟
者，依據調查結果，張莘夫等一行八人，係於本年一月
十六日自撫順回返瀋陽途中，晚九時在李石寨站被匪人
隊伍驅逐下車，並在該站南面一公里半地方被槍殺。吾
人已採取一切辦法，並偵察及逮捕兇犯，並對此事之發
生，本人深感惋惜，而對此不幸事件，則深表懇切之悼
意。同時，本人認為必需提供注意之事實，為滿洲境內
現有多數非法武裝部隊，其中且有聲言係為中國政府軍
隊者。此種隊伍，非但彼此間互相鬥爭，且出襲紅軍之
部隊及軍人。在此種條件之下，保障滿洲交通之充分安
全，實不可能。謹向閣下表示崇高之敬意。

特羅沉果　中將　謹啟

一九四六年二月十日

瀋陽方面關於張莘夫事件調查報告書

　　茲將關於接收撫順煤礦張莘夫委員等一行八名，於由撫回瀋途中在李石寨站遇難一案，其經過情形綜合各方情報繕錄調查報告如左：

（一）由長春到瀋陽之經過情形

　　接收撫順煤礦張莘夫委員偕同隨員牛俊章（翻譯）、張立德（翻譯）、徐毓吉、王錫疇、許錚、孫育英、高旭征等一行八名奉東北行營經濟委員會張主任委員之命，前往撫順接收撫順煤礦。於一月七日午前九時半，由長春乘專車出發，有中長路鐵路局蘇聯方面助理副局長（忘記姓名階級似為上校）一人，理事瑪利一人伴送。該專車之組成，後頭是一等客車，蘇方助理副局長理事乘坐，前頭是二等車。中間分為兩段，前段是張莘夫委員等一行八名乘坐，後段另有客車一節。上車以後，張莘夫委員遇見十五年前在穆稜煤礦時期之舊同事孫先生，寒喧頗久，看見孫先生車內堆積紙幣甚多。據孫先生說，此次前往撫順係為發放煤礦職工薪資云云。在一月八日晨，車行到瀋陽，該助理副局長向張莘夫委員說，撫順治安尚未確保，貴委員等在瀋暫候，較為穩妥云云。並於臨別時該助理副局長尚云，到撫順相見，張委員等下車以後，即住在瀋陽大和旅館。專車在瀋陽站停留二日，該助理副局長乘坐開往撫順，到達後，曾用長途電話電告長春稱，說接收撫順煤礦張莘夫委員等現在瀋陽，因治安關係，不敢前來云云。張莘夫委員旋接長春電話，告知此意。張莘夫委員接此電話甚為憤

慨，遂決意即行前往撫順。

（二）在由瀋赴撫出發以前之經過情形

　　張莘夫委員等一行在瀋陽滯留六日。於一月十四日晨，張委員令隨員王錫疇，孫育英到瀋陽中央銀行取款，作為旅費之用，向該行訂立透支契約書，正由該行辦理手續中，王錫疇又到街市訂刻「接收撫順煤礦關防」。同時許錚，高旭征二人到街購買國旗。恰當此際張委員有電話到銀行，突然命令各隨員，即時同往撫順。並囑王錫疇在瀋留守，因時間忽忙，所以孫育英、許錚、高旭征等三人未得隨行。張莘夫委員遂偕同牛俊章、張立德、徐毓吉（以上隨員三名是由長春同來者），劉元春及外一名（係劉元春表弟，不知姓名），（以上隨員二名是由瀋陽隨去者）並有警衛人員身著便服之舒世清（中長路警備隊長），莊公謀（中長鐵路路警大隊長兼隊務科長）二名，共計接收委員及隨員等八名，另由中長鐵路護路公安隊選派巡官張樹人、白水剛、劉文奇、毛成祿，警長楊清和，曹國範，警士舒世珍等七名武裝隨行保護。

按以上係根據王錫疇所報告者。

（三）由瀋陽出發及到達撫順後之經過情形

　　張莘夫委員偕同隨員七員及中長路路警官兵七名共計十五人，於一月十四日午後一時三十分，由瀋陽站搭乘專車行至深井子站前（出發約三十分鐘），突有數名八路軍向車內鳴槍數聲，護衛等並未抵抗。張委員等亦未受任何危害，於午後三時安抵撫順，到站後，逗留十五分鐘，蘇軍才到站臺，以大小汽車各一部來迎。據

云，曾往大官屯迎迓（撫順前一站），出迎者為駐煤礦蘇軍軍官，似為少校階，偕同上士一名，兵四名計共六人。當蘇軍正讓張委員上汽車之際，突有著灰色制服武裝人員二名阻止登乘，上前盤查，當經蘇軍將該二人推在一旁。蘇軍即時開車前往炭礦（按舊名稱煤礦曰「炭礦」）事務所，此時該二名武裝似即時到站內用電話向某方聯絡，張委員等至炭礦事務所後，休息約三十分鐘，乘汽車至永安臺炭礦次長杜宅作為寓所。由蘇軍少尉一名，兵四名在該寓所護衛，當晚無何事故發生。

次日（按應係一月十五日）早九時半許，有身著便服自稱保安隊長李濤者（按李濤現充偽撫順市長兼保安司令）率領警察四名，均著青制服制帽，攜帶盤槍來訪，要求與張委員談判。該隊長等入門，蘇軍護衛等即時潛踪。雙方遂即開始談判。張委員言受命為接收煤礦而來，對方則堅持謂武裝團侵入解放區，深為不當。又經張委員解釋謂，此數名武裝路警原為押煤車之任務而來，既非為保護接收人員，更非擬以武力接收煤礦。但對方毫未容納，反提出下列條件：1. 解除隨來路警七名之武裝。2. 張委員等一行全體即時退出撫順，並要求立時答覆。張委員要求翌晨八時答覆，對方乃無言撤退。是日正午張委員偕同牛翻譯赴蘇軍司令部交涉。據蘇軍云，明日早車將有蘇軍將校一名由瀋陽來撫順，一切問題與彼交涉便能解決云云。張委員等遂於午後二時半返寓，此時蘇軍四名又來保護，當晚無事。

次日（按應係一月十六日），晨八時張委員偕同牛翻譯又往蘇軍司令部聯絡，去後，寓所約十一時許，忽

來八名武裝警察強行解除張委員所帶來之路警官兵等武裝，我方並未抵抗即將武裝交出。當時對方並將張委員等一行所帶來之物品文件盡行持去，至午後二時許，彼等方將撤退時，適值張委員歸來，言欲查看自己之文件，經對方許可後，張委員將文件內私信一封取出撕碎。對方表示不滿，張委員辯謂，係屬私函，並道歉解釋，始獲諒解。張委員等當被逼令同居一室，並被監視一切言動。四時許，蘇軍軍官來寓，張委員云，擬回瀋陽一行。此時對方已將文件交回，惟限制已被解除武裝之人員不許走出。此時，張委員深感不安，乃於安慰被扣留之路警官兵等七人以後，偕同其他隨員等乘汽車前往車站時已黃昏矣。

張委員等走後當晚十一時半，對方用汽車將被扣留之路警官兵等七人接到偽公安局司法科，候至夜深二時許。偽副局長張矗云：「你們的事情都明白了，還有什麼話嗎？沒話可說，就要送你們回去了（按事後證明應指送回瀋陽而言）。」眾云：「一任處置。」對方遂即派八名警察，又將此七人送回寓所。一日夜，無事。十八日有蘇軍二名來寓，命令被扣留之七人回瀋陽，當經該處看守人等向偽公安局聯絡後，乃由蘇軍護送回瀋陽。按：以上係根據張樹人所報告者。

（四）張莘夫委員等於回瀋途中在李石寨站遇難之經過情形

一月十六日（按另一情報，有作十七日者，不確）。黃昏以後約八時許，張委員莘夫等一行八人（按另一情報實正七人，牛翻譯俊章於登車前已然失踪，現

尚未能確實判定二說孰是。）由炭礦次長杜宅出發前往
撫順車站，於貴賓室稍事休息，八時五十分搭乘專車開
向瀋陽。該專車之組成為三節車（前）係客車，（中）
係保護接收人員之蘇軍所乘坐之「悶罐車」，（後）係
張委員等所乘坐之客車。行到李石寨站，因前有貨車阻
礙（按另一情報作煤車），遂停止前進。突有身著青制
服之警察偕同多數八路軍（按另一情報作八路軍通信
連）闖入接收人員車內，持槍威嚇，將接收人員等之
衣服勒令脫下後，即強拉下車，擁至李石寨車站南山
坡下，距離李石寨站約三百米俗名南溝地方，用刺刀
殘殺。其情狀至為慘酷。茲據調查結果，發現屍體六
具，用雪掩埋。

　　按以上係綜合根據駐在瀋陽之撫順警察局長郭森，
及中長鐵路護路第二大隊長李遠民等所報告者。

第二節　張莘夫被害案中蘇交涉

一　中蘇交涉

北平熊式輝主任來電

民國三十五年二月十六日

重慶外交部王部長雪艇兄：關於張莘夫事件，據董副參
謀長丑蒸巳電稱，頃接特中將書面答復如下：據調查結
果，張莘夫一行八人，於本年一月十六日自撫順返瀋途
中，晚九時在李石寨站（譯音），被匪人隊伍驅逐下
車，在該站南一公里地方被槍殺。對此事發生，深感惋
惜。而對此不幸事件，則深表悼意。同時認為必需提

供注意之事實，滿洲境內現有多數非法武裝部隊，內中且有聲言為中國政府軍隊者。此種隊伍，非但彼此各自互相鬥爭，且出擊紅軍部隊及軍人。在此種條件下，保障滿洲交通之十分安全，實不可能。謹向閣下致崇高之敬意。並請將爾後對此案所取之步驟示遵等語，特電奉達，應如何善後之處，極盼示尊見。弟熊式輝。丑銑印。

董彥平團長與特羅增科中將第十二次會談紀錄

時日：民國三十五年二月二十一日下午二時

地點：蘇軍總司令部

參與者：陳家珍　楊作人

董：本人擬請貴方查照辦理事項。

（一）關於張莘夫等八人，由撫順返瀋陽途中在李石寨車站被害一事，接閣下二月十日來函，業將內容報告本國政府。現在本人所能奉告者，即希望貴方速將兇手捕獲，本人並代表政府及死者家屬請貴方即將屍體移送我方，最好貴我兩方會同前往現地辦理，如貴方認為無須如此，則請貴方負責將屍體遞交瀋陽董市長，因天氣漸暖，恐屍體腐爛故也。

（二）據聞現在瀋陽、長春、齊齊哈爾等地有多數被拘留之中國人，其生活環境頗有改善之必要，因時屆春暖，最易發出傳染疾病，姑無論其被拘之原因如何，均應予以注意，現在我方因未能目睹實際情形，尤盼貴方查明，即請迅予改

善。至因改善所需之經費，如超過貴方原定預
算時，亦可由我方轉請政府，予以補助，東北
與內地中外人士，往來頻繁，此種消息，一旦
傳出，極易刺激民眾感情，特提請貴方注意，
本人甚願此種傳說並非事實，尤希望貴方予以
參觀之機會。

（三）茲有備忘錄一份，面交閣下，請查收分別辦理
為盼（如附件）。

特：1・貴團長所提之問題，第一項俟報告馬元帥，
得到指示再行答復。2・貴團長所示各地有中國
人之俘虜，確屬實在。此項俘虜多係偽滿洲國之
部隊，曾與日本並肩與中蘇兩國作戰。現彼等與
普通俘虜享同等之待遇，貴團長對彼等如此關心
之原因，頗為不解，擬參觀一節，俟請示後再答
覆。3・我大連領事等一行赴天津事，因人數稍
多，搭乘貴國飛機頗不方便，故仍擬用蘇機往返
為，請再為請示。

董：關於張莘夫等人之屍體，因天氣漸暖，恐易腐
爛，仍請速為決定，至各地俘虜被拘之原因，多
有不同，在國際間俘虜待遇亦多成例，軍事代表
團參觀俘虜生活狀況，乃極普通之事，究竟是否
可往參觀，希賜答覆。

特：自應速辦，參觀俘虜事，迨請馬元帥校再奉告。

茲尚有數事：

1・本人二月十一日致閣下函，關於僱用中國勞工問
題，以前曾有僱用之事實，現在更有此需要，希

望中國政府速為答覆。倘尚未得政府訓令，希再為請示。

2・洮南鼠疫仍甚猖獗，現於市區周圍四十五公里之二十三個村落中，繼續有蔓延，已死一百二十三人，市內死九十七人，情勢頗為嚴重。聞貴國軍隊，正由彰武北開，希望注意此點，並盼於未撲滅前，停止北開，以免傳染，此事將向閣下再補送一函。

3・瀋陽、哈爾濱兩地貴國中央政權業已樹立，但近來屢屢發生蘇軍官兵被射殺事件，例如：

一月十六日，哈爾濱市中心區，有紅軍中尉高爾登及其隨從之軍士，於乘馬行進中被擊斃。

一月二十七日，瀋陽中國武裝軍隊，向紅軍小部隊襲擊，此小部隊係由軍官率領，結果士兵巴河瓦勒夫被擊斃。

一月二十八日，瀋陽中國警察向蘇軍駐區開槍，結果中尉沃加列茲拿、士兵拿瓦克被擊斃。

二月六日，哈爾濱市警察管區內，紅軍士兵四名被槍擊斃。

二月九日，於哈爾濱市，紅軍士兵於架設通信網時被武裝中國人開槍射擊，中尉克留金、士兵克勒盧烏夫被擊斃。

二月九日，哈爾濱市中心區，紅軍士兵阿拉沙特果夫被擊斃。

二月十七日，瀋陽紅軍下士旗加洛於返隊途中被擊斃。

以上各事件，係發生於貴方已接收行政及警察之

地域，希望閣下報告貴國政府，採取嚴厲之手
段，阻止此類事件之發生，並盼將結果見告。

董：1. 僱用我國勞工事已報告政府，尚未奉到指示。

2. 洮南鼠疫之猖獗情形，我方官兵均關心，我
國東北救濟總署劉署長已專為此事赴北平運輸藥
品，以期徹底撲滅，屆時仍希貴方予以協助。3.
關於瀋陽、哈爾濱兩地所發生之事件，余雖未接
得報告，但深表遺憾，將從事調查，並報告政府
將來以書面奉答。

附備忘錄

民國三十五年二月二十一日

一、國軍第二十五師派營口連絡官駱子承及張宏訓二員
　　失踪一節，應請貴參謀長設法查明下落，並予營救
　　為盼。當時營口蘇軍司令官為利索夫中尉，目前該
　　中尉駐金川，其通信隊號二八七四六。

二、准杜聿明將軍來電略稱，彭副軍長璧生接收瀋陽總
　　站之際，蘇方郭夫冬少將聲稱，未奉有命令等情，
　　應請貴參謀長轉令移交，以利接收工作為盼。

三、奉熊主任電開，蘇駐華商務代表處秘書蘇復強哥夫
　　擬搭乘我方飛機返渝一節，業經核准，即請查照轉
　　知該員，俟有便機即行通知登程。

四、據松江省政府來電略稱，雙城縣雖經傅縣長接收，
　　而前主席孫新任自稱人民自衛軍衛戍司令，擅自發
　　號施令使縣政無法進行等由，應請貴參謀長設法予
　　該縣長以有效之協助為盼。此外哈爾濱各報公開登

載所有非法武裝隊伍之各項佔領消息，並公開稱之
為人民自衛軍，以此淆亂聽聞，亦請貴參謀長予以
注意。

五、接貴參謀長二月十一日函，為貴國駐大連領事彼得
洛夫及外委會職員果克申和科娘捷夫擬乘蘇聯飛機
赴天津一事，經核准由長春搭我方便機赴北平，再
轉天津，返時亦然，特請貴參謀長查照轉知，先來
長春候機登程。

六、奉本國政府訓令，關於外蒙古人民共和國代表所乘
飛機，給我方供給之油料，可作為贈用，貴方無須
償還等因，特請貴參謀長查照。

長春董彥平副參謀長來電

民國三十五年三月一日收

即到。重慶張主任委員公權先生、蔣特派員經國先生，
並轉外交部 9771 密（表）。丑沁致特中將一函文曰：
特羅增科中將閣下，前於二月十日來函業經誦悉。當即
轉呈本國政府察閱。茲遵照本國政府訓令，特向閣下提
出以下各項，並保留繼續要求之權：（一）於最短期間
內將慘被殺戮之張莘夫等八人屍體，不問其如何狀態，
移交本國當局。最好由瀋陽市府派員擔帶棺木，由貴方
保護前往被害地點及屍體所在地，自行收殮運回瀋陽。
（二）繼續採取迅速有效之方法，查明慘殺情形及本案
一切有關事項，逮捕兇犯及有關人犯。關於本案調查所
得之資料，隨時移送本團，俾得轉報本國政府，明悉本
案進行調查之詳情。（三）東北各地接收人員，今後仍

請由貴方保證其安全。查本案發生以來，時間已久，各
被害人員遺體，如能早日覓獲，可改善一般觀感至大。
上開各項至希閣下迅予圓滿答復，謹聞。職董彥平丑儉
申印。

附註：此電係參軍處機要室收譯，於本日送來。機要
　　　室註。

長春董彥平副參謀長來電

民國三十五年三月七日

即到。重慶張主任委員公權先生，蔣特派員經國先生並
轉外交部。6483 密（表）張莘夫事件，寅虞再面致特
中將函一件。文曰：關於經濟部接收委員張莘夫等八人
被難事，接准貴參謀長復函，祇悉。惟查張委員等前往
接收撫順煤礦，由經濟部張主任委員嘉璈事先商得中蘇
合辦會辦中長鐵路公司理事會副理事喀爾金中將同意，
由路方撥給專車，並與助理副理事長瑪利同行，而撫順
礦區及瀋撫支線，現由貴軍駐紮，我軍尚未接防，出事
地點前經貴參謀長確認係在瀋撫支線李石寨站，是在貴
軍警備區域，在此情形之下，無論任何原因發生不幸事
件，貴軍均難謂卸其責任，除本人本年一月二十九日、
二月二十七日致閣下兩函，仍希注意外，為此重申前
請，仍請（一）將被難者屍體全部尋獲，無論其係何種
形態均請交付瀋陽市政府，（二）責令駐瀋撫支線貴軍
部隊指揮部，對於肇禍情形提出詳確報告，以便會同查
勘，（三）迅採緊急方策，查緝兇犯，交付我方等由。
特中將當口頭答復稱，關於張莘夫事件，除上次復函

外，再無可奉告者，現一屍已交付貴軍，餘屍照余前經
通告閣下者，實均已被匪徒燒燬，無從尋收，吾人僅再
有一點聲明，即對該項事件不能負責，因事先並未通知
軍部，由軍方派人陪同保護也，貴國政府認為瀋撫之間
駐有蘇軍，係屬誤會。蓋張案發生，當時並無蘇軍，而
係事後始據部隊前往，吾人曾對此不幸事件屢表惋惜，
但不能認為係正常現象。至偵查兇犯事，因我方在此並
無偵緝機構及警察，我人所具備之各種條件，不足以擔
負此項任務。如貴國政府方面願採何種有效措置，則請
自行斟酌辦理等語。（待續）董彥平寅虞亥一印。

即到。渝張主任委員公權先生、蔣特派員經國先生，並
轉外交部。六四八三密續寅虞亥一電。彥當又口頭提出
六點：（一）張係應中長路副理事長卡爾金中將請求赴
撫順整頓煤礦，並由助理副理事長馬利陪往瀋陽，張自
瀋陽赴撫，係貴方派專車送往，抵撫後隨行路警即被繳
械，張等在不能執行任務之狀況下，由貴軍派兵護送返
瀋，在過李石寨時被匪劫持下車，護送蘇軍，應無視若
無睹之理由。（二）自張案發生後，曾為此與閣下屢次
談判，並曾正式提出子艷及丑感兩次照函，閣下亦曾有
兩次之覆文，但除丑感之覆文外，無論在口頭或文字
上，閣下均表示遺憾與惋惜，而從未表示不願負責，故
余相信閣下於本案發生之始，即深表同情，必能與余以
同等之熱情，促使此案水落石出。（三）李石寨係撫瀋
車站，姑無論肇事當時有無貴軍，但此處既尚未經我軍
接防，則自然在貴軍負責警備區域之內，張應貴方之邀

請前往，其生命安全，自不能謂不負責任。（四）前曾提請飭令貴駐軍對肇事情形提出詳細報告，並偵緝兇犯交付我方，適閣下答稱貴方無偵緝機構，不克達成任務，盼我國政府自行酌辦，查現尚在軍事時期，貴我兩方，均未建立司法機構，李石寨係屬撫順管轄範圍之內，在該管區內所發生之事件，撫順當地政權應亦負有偵查之責任，是項政權，即閣下前曾告余係臨時組織，而對我軍要求尚能完滿達成者也。總之，在駐軍軍事佔領時期，有關偵查緝兇之事務，自應由貴駐軍負責，故仍請閣下責令提出詳細報告，並緝捕兇犯，以便將來雙方會同查勘。（五）關於交還屍體一節，係於丑馬照函中提出，嗣後屢次以電話催問閣下，僅答稱須請示莫斯科，迨至丑感貴軍政治顧問，始告以除張外，餘屍均已焚毀，而以前貴方則未作類似之表示，故根據丑感照函聲明，保留殘屍請求之權，仍請貴方將其餘屍體交付我方。（六）我方對本案極為注意，請閣下對本人三次照函所提出者，多予考慮，並示書面答復，以便轉報政府，渠繼稱渠本人無可置答，俟請示馬元帥得指示後再復，等語，謹聞。全電完。董彥平寅虞亥二印。

王世杰部長致蘇聯大使彼得羅夫照會

民國三十五年三月十五日

逕啟者：關於東北行營經濟委員會代理工礦處處長張莘夫攜同技術人員八人，奉派前往撫順接管煤礦，在撫受阻，於折返瀋陽途中被殺害一事，茲奉達貴大使轉達貴國政府如下：「長春鐵路公司副理事長加爾金先生，因

鑒於撫順煤礦未能充分供應該路燃煤，商請該路理事長
張嘉璈先生派員前往調整，經雙方商定，由蘇方派馬利
助理理事長，華方派東北行營經濟委員會工礦代理處長
張莘夫前往視察整理，於一月七日，由長赴瀋，抵瀋
後，馬利先生一人獨往撫順，囑張君稍候，嗣於一月
十四日，張君始得攜同技術人員五人及護路員警由瀋出
發前往撫順。事先，馬利先生曾告張君，已向撫順蘇軍
接洽等語；張等一行抵撫順後，於十六日晚，蘇方軍官
帶同當地警察向張君聲稱：「此地不能接收」，勸速返
瀋陽，遂被迫於當日晚搭原車返瀋，並由蘇方派兵坐於
另一車箱，隨行保護，車抵離撫順二十五公里之李石
寨站，突被八路軍拖下，全部人員，均被殺害，隨行蘇
軍，並未加以防護，此事發生後，經東北行營董副參謀
長彥平，先後以口頭並書面向長春蘇軍司令部提出交
涉，請蘇軍司令部速予派員查明真相及經過情形，尋獲
全部被難者屍體，並採取緊急措施，緝捕兇犯各在案。
現除張莘夫屍體，業經蘇方尋獲，並已移交華方外，蘇
軍司令部迄未予以滿意答復。

中國政府認為張莘夫等一行前往撫順接收煤礦，事先曾
經中蘇雙方有關當局，商定同意；撫順礦區，及瀋撫支
線，當時係由蘇軍駐守，張君等一行被害之李石寨站，
適在蘇軍警備區域以內；張君等被害時隨行蘇軍部隊，
又未曾採取適當之防衛手段，故彼等之被殺害，應由東
北蘇軍司令部負其責任。

中國政府並請蘇聯政府轉飭東北蘇軍總司令部：（一）
採取迅速有效方法，查明本案經過詳細情形及與本案有

關一切事項通知我方，以便雙方會同查審。（二）緝捕
行兇主犯，及有關人犯，移交中國當局。（三）迅速將
被害者屍體全部尋獲，無論其如何形態，移交中國當
局。（四）保證嗣後在蘇軍防區內中國官員之安全。」
本部長順向貴大使重表敬意。
此致蘇維埃社會主義共和國聯邦駐華特命全權大使彼得
洛夫閣下

外交部部長　王世杰
中華民國三十五年三月　日　於重慶

錦州熊式輝主任來電

民國三十五年三月十日

重慶外交部王部長雪艇兄：董副參謀長函稱，張莘夫隨
員屍體迄未獲。據蘇方書面通知已經燒卻，擬繼續向蘇
方交涉責任問題，（二）寅江起蘇方命令長春報章列登
塔斯社新華社通訊，內多批評政府，並誣政府操縱，示
威遊行，淆惑視聽，影響甚大等語，敬聞。並請酌向蘇
方交涉。弟熊式輝寅齊參錦。

錦州熊式輝主任來電

民國三十五年三月十八日

重慶外交部王部長雪艇兄，頃據董副參謀長彥平寅齊亥
電稱：長春蘇軍總部本日發表書面新聞一則。文曰：
一九四六字正月十六日在奉天附近一隊匪幫，殺害了中
國工程師張莘夫及其隨員。當蘇軍司令部得到這個殺害
事件的消息之後，馬上就委派司法中校庫列也夫去詳細

偵察這個案件的情況。據檢查的結果，確定張莘夫工程師和其隨員是於一九四六年一月十六日乘火車由撫順赴奉天，當火車在李石寨站停住的時候，張莘夫一行人忽被闖入火車的匪幫拉出車去，並即帶走。當撫順衛戍司令得這個消息之後，而往李石寨車站派去了蘇聯軍官並率領兵士一隊。根據該軍官的確定說道，張莘夫和其隨員在該車站一公里半的地方被殺害了。除了一個屍首被運到撫順市後，即被認是張莘夫的屍首外，其餘的即被匪幫燒毀了。在發生事件的地方，馬上就派去了增援隊，以便搜索該站附近地帶。但是匪幫並沒有被發現，後來捕獲了認為有參加殺害張莘夫和其隨員嫌疑的中國人兩名，唐托明和張春魁。但是檢查的結果，證明這兩人並未參加殺害張莘夫，所以丑篠即被釋放了，對於兇犯的搜查，尚在進行，可以很有根據的設想到，這是活動在東北的匪幫之一預先準備好的一個挑撥事件，其目的在使中蘇關係惡化起來。等語轉達。弟熊式輝寅寒秘錦。

民國史料 31

近代中日關係史料彙編：
日本投降與中蘇交涉
Historical Documents on Modern Sino-Japanese
Relations: The Surrender of Imperial Japan and
Sino-Soviet Negotiations

編　　者　民國歷史文化學社編輯部
總 編 輯　陳新林、呂芳上
執行編輯　林育薇
文字編輯　李承恩
排　　版　溫心忻、盤惠秦

出　　版　🛡 開源書局出版有限公司
　　　　　香港金鐘夏慤道 18 號海富中心
　　　　　1 座 26 樓 06 室
　　　　　TEL：+852-35860995

　　　❀ 民國歷史文化學社 有限公司
　　　　　10646 台北市大安區羅斯福路三段
　　　　　　　　37 號 7 樓之 1
　　　　　TEL：+886-2-2369-6912
　　　　　FAX：+886-2-2369-6990

初版一刷　2020 年 7 月 31 日
定　　價　新台幣 350 元
　　　　　港　幣　90 元
　　　　　美　元　13 元
I S B N　978-986-99288-0-9
印　　刷　長達印刷有限公司
　　　　　台北市西園路二段 50 巷 4 弄 21 號
　　　　　TEL：+886-2-2304-0488

http://www.rchcs.com.tw

國家圖書館出版品預行編目 (CIP) 資料
近代中日關係史料彙編：日本投降與中蘇交涉
= Historical documents on modern Sino-
Japanese relations : the surrender of imperial
Japan and Sino-Soviet negotiations / 陳新林,
呂芳上總編輯 . -- 初版 . -- 臺北市：民國歷史文化
學社, 2020.07

　　面；　公分 . -- (民國史料)

ISBN 978-986-99288-0-9 (平裝)

1. 中日關係　2. 中俄關係　3. 外交史 4. 文集

643.107　　　　　　　　　　109009618